Jean-Jacques Ampère

Histoire des lois par les mœurs

Essai

 Le code de la propriété intellectuelle du 1er juillet 1992 interdit en effet expressément la photocopie à usage collectif sans autorisation des ayants droit. Or, cette pratique s'est généralisée dans les établissements d'enseignement supérieur, provoquant une baisse brutale des achats de livres et de revues, au point que la possibilité même pour les auteurs de créer des œuvres nouvelles et de les faire éditer correctement est aujourd'hui menacée. En application de la loi du 11 mars 1957, il est interdit de reproduire intégralement ou partiellement le présent ouvrage, sur quelque support que ce soit, sans autorisation de l'Éditeur ou du Centre Français d'Exploitation du Droit de Copie , 20, rue Grands Augustins, 75006 Paris.

ISBN : 978-1985708280

10 9 8 7 6 5 4 3 2 1

Jean-Jacques Ampère

Histoire des lois par les mœurs

Essai

Table de Matières

L'ORIENT ET LA GRÈCE   6

ROME.   51

L'ORIENT ET LA GRÈCE
PREMIER FRAGMENT.[1]

L'INDE.

En Orient, toute législation est religieuse ; c'est par là que les législations orientales ont prise sur les mœurs, les pénètrent, les travaillent, les façonnent avec une puissance que la foi seule peut conférer. Ces lois parole écrite et volonté vivante de Dieu lui-même, tiennent de leur origine une incomparable autorité. Elles s'emparent de la vie entière des peuples et des individus, elles font un devoir de ce qui est inutile, un crime de ce qui est indifférent. Comme elles sont un code moral en même temps qu'elles sont un code politique, la vie domestique est soumise à leur empire aussi bien que la vie sociale. Cet empire s'étend aux actions les plus secrètes, aux sentiments les plus intimes des hommes, aux détails les plus obscurs de leur existence, à leurs habitudes, à leurs vêtements ; on peut le dire d'une manière générale : en Orient, les lois dictent les mœurs qui ailleurs dictent les lois.

Cependant, même en Orient, il faut tenir compte de l'influence qu'exercèrent dans le principe, sur ces législations si absolues, les mœurs primitives des peuples qui les reçurent, et, de plus, il faut reconnaître que, malgré leur permanence et leur raideur, ces législations ont été atteintes par les modifications que la suite des âges a introduites dans les mœurs.

Ainsi, aux Indes, le législateur n'est pas un homme, c'est un Manou, une intelligence supérieure, une manifestation de Brahma. S'arrachant à la contemplation de l'être dans laquelle il est absorbé, le divin Manou révèle aux sages son code sacré. Ce code commence par une cosmogonie, et la société indienne sort du sein de Dieu avec l'univers.

On ne peut nier que cette législation, au nom de sa source divine, ne commande aux mœurs en souveraine. Elle établit les castes, c'est-à-dire elle parque les hommes en troupeaux séparés, et leur met une marque pour les distinguer et les reconnaître. Elle attribue aux membres de chacune de ces catégories tel costume, telle occupation, telle industrie, et leur interdit toutes les autres ;

elle proscrit le mélange des castes, elle établit surtout une barrière insurmontable entre les trois castes supérieures et les soudras. Elle flétrit et maudit les races issues des mélanges qu'elle réprouve, et les voue d'avance aux travaux les plus vils dont elle ne leur permet pas de répudier l'opprobre héréditaire. Elle ne respecte pas beaucoup plus la liberté d'action dans les castes supérieures. Le roi, cet être céleste composé de parcelles de la substance des huit principales divinités, qui, comme le soleil, brûle les yeux et les cœurs, qui est le feu et l'air, le soleil et la lune [2], le roi est gouverné par les brahmes jusque dans les moindres détails de sa vie, jusque dans les circonstances les plus futiles de sa journée. La caste des guerriers est de même soumise aux prescriptions tyranniques et minutieuses des brahmes, et c'est à cette domination de la caste sacerdotale sur la caste armée qu'est due en grande partie l'absence d'esprit militaire chez les Indiens. Tout prouve que la guerre a tenu une grande place dans les mœurs antiques de l'Inde. L'Inde a aussi ses âges héroïques, et les grands noms qui y figurent sont des noms de guerriers ; mais la loi des brahmes, toute religieuse, toute pacifique, a cherché à établir la subordination des Kchatryas par l'affaiblissement de l'esprit belliqueux, même de la force physique. C'est dans ce but, sans doute, qu'elle a réprouvé l'usage de manger de la chair, réprobation qui n'existait pas dans les mœurs, ni même, au moins d'une manière absolue, dans les lois primitives de l'Inde ; car cette défense, aujourd'hui généralement observée, n'est qu'en germe dans les lois de Manou. [3]

Les brahmes, en inspirant l'horreur du sang, le respect de la vie de tous les êtres, ce qui s'accordait du reste avec leur croyance au panthéisme, se sont efforcés de dompter l'esprit belliqueux qu'ils redoutaient dans la caste dont ils voulaient faire et dont ils ont su faire leur instrument. Le succès les a punis. Toujours placés entre la crainte de l'insurrection des Kchatryas et le besoin qu'ils avaient de leur protection, en vain les brahmes leur ont-ils crié, au jour du péril, de combattre vaillamment pour eux, selon le devoir de la classe militaire [4] ; en vain ont-ils proclamé que le soldat tué en fuyant assume tous les péchés de son chef, et que le chef, dans ce cas, hérite de toutes les bonnes œuvres que le soldat avait amassées pour la vie future [5] ; le Tartare ou l'Anglais, nourris de chair et élevés dans le mépris du sang, ont vaincu facilement l'Indien frugivore ; et pour avoir affaibli les mœurs militaires qui devaient la défendre, la loi des brahmes s'est vue menacée de faire place au Coran ou à l'Évangile.

A l'égard des femmes se manifeste une autre action de la loi sur les mœurs. Quand on voit l'état de dépendance et d'asservissement auquel la femme est réduite dans l'Inde, on ne peut s'empêcher d'en chercher au moins en partie la cause dans cette loi qui proclame que jour et nuit les femmes doivent être tenues par leurs protecteurs dans un état de dépendance... qui ajoute : « Leurs pères les protègent dans l'enfance, leurs maris dans la jeunesse, leur fils dans la vieillesse. Une femme n'est jamais capable d'indépendance. » [6].

C'est encore le désir de la domination et la crainte d'un pouvoir rival qui ont porté les brahmes à proclamer l'infériorité et à prescrire la soumission illimitée des femmes à leurs époux. Ils ont écrit leur esclavage dans les lois, parce qu'ils redoutaient leur empire sur les mœurs. En Orient, où l'attrait des sexes est plus impétueux que partout ailleurs, le législateur a toujours craint l'ascendant que cet attrait pouvait donner au plus faible. Dans cette crainte, il a fait peser sur lui un anathème, il l'a représenté comme allié d'une manière ou d'une autre au mauvais principe. Ainsi, dans l'Inde, la femme a été enchaînée, de peur que l'homme ne cessât d'être libre. Elle a été dégradée, parce qu'elle était redoutable ; l'égalité lui a été refusée, parce qu'on redoutait sa tyrannie. La loi qui constitue sa dépendance est une loi d'ostracisme.

Mais quelque soit le principe de cette loi, il est évident qu'elle est elle-même le principe de l'état d'abjection et de servitude dans lequel les Indiens tiennent leurs femmes, si l'on en croit les voyageurs.

J'ai dit que la législation indienne s'emparait de la vie entière des individus soumis à son empire ; j'ai dit trop peu, car l'Indien des trois castes supérieures lui appartient avant que de naître. Dès le moment de la conception, des règles sont prescrites touchant l'embryon à peine formé ; l'enfant ne peut entrer dans ce monde, il ne peut être séparé du sein de sa mère qu'avec certaines cérémonies [7] écrites au code. Dès ce moment chacun des pas qu'il fera dans la vie est marqué dans le livre de la loi. La loi lui prescrira, selon la caste à laquelle il appartient, de quelle étoffe doit être son manteau, de quel bois doit être son bâton. Elle réglera sa prière, ses ablutions, ses repas ; elle lui indiquera où il doit choisir une femme, ce qu'il doit faire chaque jour, et même à l'heure de la mort. Enfin, elle désignera les rites qui doivent s'accomplir sur sa tombe. Ainsi, avant la naissance et par-delà le trépas, l'homme est gouverné par cette loi, et l'on peut dire qu'elle fait ses mœurs, car elle n'y laisse rien de libre, elle n'épargne rien dans son existence qu'elle envahit tout entière.

Mais examinons si là même où les mœurs semblent le plus dépendre de la loi, elles n'ont pas agi primitivement sur elles, et si cette loi, qui leur donne aujourd'hui sa forme, n'a pas été d'abord en partie moulée sur elles.

Rien ne semble, au premier coup-d'œil, faire une violence plus complète à notre nature que l'institution des castes, ce classement d'individus humains qui décide à l'avance de toute leur destinée. Mais que dirons-nous si cette institution, dont les suites sont si funestes, a sa racine dans la nature même des choses ; si elle n'est adoptée, si elle ne peut s'établir et subsister que parce qu'elle est l'expression d'un fait, la différence des races et d'un sentiment, la haine qu'elles se portent entre elles ? C'est pourtant ce qui paraît démontré maintenant, au moins pour l'Inde. On sait que *paria* veut dire étranger, que *varna* veut dire à la fois caste et couleur, on ne peut guère douter que les trois castes supérieures, desquelles à tant d'égards les droits sont les mêmes, n'appartiennent à une population conquérante, supérieure en intelligence et en beauté à la population conquise et de couleur probablement différente. Ainsi s'expliquerait l'abjection de cette dernière par son infériorité physique et morale. Dans les premières, il a dû s'opérer une fusion entre des tribus guerrières, des tribus sacerdotales, des tribus industrielles et commerçantes. Chacune a gardé ses habitudes, et la loi qui semble lui avoir imposé ses mœurs n'a fait que les constater. Seulement, et c'est là le vice de cette législation, elle a fixé d'une manière immuable ce qui était spontané de sa nature, et devait demeurer libre. En un mot, l'on peut croire qu'à leur origine les races sont distinctes par leur caractère, par leur vocation, par leur tempérament, qu'il y a entre elles une inégalité et des inimitiés semblables à celles des individus, que la capacité intellectuelle et morale des unes est très supérieure à celles des autres. Mais c'eût été le devoir d'une législation bienfaisante d'effacer ces différences, de calmer ces inimitiés, de détruire peu à peu cette inégalité, au lieu de les perpétuer en les consacrant ; elle ne l'a point fait, on a le droit de le lui reprocher, mais encore faut-il convenir qu'elle n'a pas non plus inscrit à sa fantaisie sur la société indienne, comme sur une table rase, des compartiments symétriques, mais qu'elle a, pour ainsi dire, calqué le plan de son édifice sur un dessin primitif qu'avaient tracé antérieurement la tradition et les mœurs.

Continuons de suivre l'action des mœurs primitives de l'Inde sur ses lois.

En Orient, la famille est le fondement de l'état. Ceci tient aux mœurs patriarcales qui sont les mœurs natives de l'Asie. Elles ne peuvent être l'œuvre d'une législation particulière, puisque nous les retrouvons chez des peuples dont les lois actuelles diffèrent essentiellement ; d'ailleurs elles semblent antérieures à ces lois, car elles se rencontrent partout à l'origine de la civilisation orientale. Aussi plusieurs des traits les plus généraux de cette civilisation s'expliquent par cette origine. Le despotisme des rois comme celui des prêtres ne s'est établi aussi facilement que parce qu'on était accoutumé à l'autorité absolue du chef de famille, à la fois monarque et pontife dans sa tente. Le droit sacerdotal et le droit royal émanent en Orient du droit paternel, fondé lui-même sur la base sacrée des mœurs domestiques.

Nous verrons quelle a été, chez les diverses nations de l'Orient et principalement à la Chine, l'influence de ces mœurs primitives et générales sur les lois postérieures et particulières. Quant à l'Inde, c'est moins la famille charnelle qui joue un rôle dans sa législation qu'une sorte de famille religieuse, fondée sur la participation héréditaire aux mêmes cérémonies, principalement à des cérémonies funèbres. On retrouve quelque chose d'analogue chez les peuples de l'Occident, dans la Phratrie athénienne et surtout la *gens* romaine [8]. Car on sait que la communauté de nom, chez les Cornélius, par exemple, tenait à la communauté des choses sacrées, non à la parenté du sang. Ces rapports prouvent à quelle haute antiquité remonte l'organisation de cette famille spirituelle dont le centre est un autel domestique, dont le lien est la religion des tombeaux. Probablement cette organisation contemporaine des origines brahminiques est antérieure à toute loi écrite. Sans doute elle était de temps immémorial dans les mœurs de cette race indo-européenne, à laquelle appartiennent presque tous les peuples civilisés de la terre. Eh bien ! cette organisation primitive est le fondement d'une portion considérable du droit indien qu'elle a précédé, notamment du droit d'héritage, tel qu'il est contenu dans le code de Manou. [9]

Tel est le rôle que jouent, dans l'antique société de l'Inde, deux faits qui sont donnés par ses mœurs primitives, la race et la famille, ou ce qui dans ces mœurs tient la place de la famille. Et voilà cette législation brahminique si impérieuse, qui, lors même qu'elle semble grouper arbitrairement les hommes par la caste et le sacrifice, obéit à des mœurs qu'elle n'a point produites.

On peut aller plus loin, et retrouver dans l'organisation politique de l'Inde la trace de mœurs encore plus anciennes. Telle est cette espèce de commune antérieure à toute autre institution, subsistant à travers toutes les conquêtes et tous les bouleversements, qu'on pourrait appeler la molécule indestructible de la société indienne. Dès le principe, on voit le sol de l'Inde couvert de petites associations locales, dont chacune forme un tout politique complet, et contient ce qui lui est nécessaire pour vivre et se conserver [10]. Laissons parler le savant historien de Mysore [11]. Chaque district de l'Inde, dit-il, est en fait et a toujours été une commune ou petite république, et présente un tableau frappant de l'état primordial des choses, quand les hommes formaient de semblables communautés pour satisfaire à leurs besoins réciproques. Chacune de ces communautés contient, outre les propriétaires fonciers, douze membres, le juge et magistrat (potail) celui qui tient les registres, celui qui inspecte la commune et ses dépendances, celui qui distribue les eaux pour l'irrigation, l'astrologue qui détermine les jours et les heures favorables ou sinistres, le charron, le potier, celui qui lave les menus vêtements fabriqués dans l'intérieur des familles ou achetés au marché voisin, le barbier, l'orfèvre ou celui qui travaille à la parure des femmes et des jeunes filles, et qui dans maintes localités est remplacé par le poète (rapsode) ou maître d'école... L'Inde est une masse de semblables républiques. Elles ne s'inquiètent point de la chute et du partage des empires, pourvu que la commune subsiste avec son territoire qui est marqué très exactement par des bornes. Peu leur importe à qui passe le pouvoir. L'administration intérieure demeure toujours la même.

Il me semble évident que les brahmes ne sont pour rien dans l'organisation de ces petites sociétés, car ils y auraient marqué leur place, ils se seraient attribué une part des revenus ; elles ont bien en général leur brahme, mais il ne compte pas parmi les douze fonctionnaires essentiels. Il leur est annexé comme une dépendance, non comme un principe. Il faut donc reconnaître là quelque chose qu'ils n'ont pas créé, qui était antérieur à leur arrivée dans le sud de l'Inde ; et qu'on y fasse bien attention, c'est dans cette portion du pays sur laquelle leur pouvoir s'est moins complètement étendu, que s'est le mieux conservée cette organisation primitive : c'est une preuve de plus qu'elle ne vient point d'eux. Voilà donc un élément social antérieur aux brahmes, et qui a subsisté au-dessous de la législation qu'ils ont imposée au pays.

Ainsi trois sortes d'associations qui font la vie sociale de l'Inde, la caste, la parenté religieuse, la commune, ne sont point l'œuvre de la législation brahminique. Cette législation les a trouvées toutes faites, elle les a reçues de mœurs aussi anciennes ou plus anciennes qu'elle-même.

Telle est la part qu'on doit faire à l'action des mœurs primitives sur la loi indienne. Cette loi qui semble d'abord si intraitable est donc entrée en composition avec les mœurs, et a respecté les habitudes fondamentales des Hindoux. Mais ce n'est pas tout : cette loi, dont le caractère est l'immutabilité, l'éternité ; cette parole de Brahma, que rien ne devait altérer, a subi par l'effet du temps des changements essentiels, et elle s'est montrée flexible aux mœurs nouvelles, comme elle avait été docile aux mœurs primitives. Seconde influence non moins importante à signaler que la première.

Voici ce que prescrit l'antique loi de Manou dans le cas d'adultère [12] « Si une femme, fière de sa famille ou des grandes qualités de ses parents, viole effectivement son devoir envers son seigneur, que le roi la condamne à être dévorée par les chiens dans un lieu très fréquenté. «

L'atrocité de cette peine tenait vraisemblablement à l'horreur qu'une telle législation devait naturellement professer pour un crime qui pouvait produire le plus grand des maux, la confusion des races. L'adoucissement graduel des mœurs et l'influence du mahométisme ont fait tomber cette loi barbare. [13]

Le droit d'héritage fut primitivement, comme nous l'avons vu, fondé sur la religion des sépultures. Tout l'avantage était pour le fils aîné, celui par qui le chef de race acquitte sa dette envers ses aïeux, celui à qui il appartient d'accomplir le sacrifice funèbre, et par là d'ouvrir à son père l'entrée du monde supérieur. Le fils aîné seul est engendré par un sentiment de devoir, dit Manou ; les autres, ajoute-t-il, sont considérés comme engendrés par l'amour du plaisir. En conséquence, il fallait mettre à part pour lui, avant tout partage, un vingtième de l'héritage et ce qu'il y avait de meilleur dans tous les biens mobiliers. Si on ne mettait rien à part pour lui, il devait avoir une double portion. Mais à ce texte primitif un commentaire postérieur a ajouté une clause qui l'annule : si tous sont égaux en bonnes qualités, ils doivent tous partager également.

En effet, l'usage du partage égal entre les frères a entièrement prévalu dans l'Inde, et les Hindoux ont tellement oublié la loi primitive, qu'ils montrent le plus grand étonnement, dit l'abbé Dubois [14], lorsqu'ils apprennent que, dans certaines contrées de l'Europe, un père dépouille plusieurs de ses enfants *pour en enrichir un seul*. Ainsi, le changement des mœurs a entraîné le changement des anciennes lois, et même en a aboli la mémoire dans le peuple.

Les Hindoux sont les premiers à reconnaître ces changements apportés dans leurs lois par leurs mœurs ; ils confessent que certaines lois qui étaient faites pour les trois premiers âges du monde ne peuvent subsister dans le quatrième, dans l'âge de misère et de crime où nous vivons.

Selon leurs idées, ces changements tiennent à la décadence qui entraîne le monde, c'est la corruption toujours croissante des hommes qui a forcé de relâcher quelque chose de la sévérité antique. Mais il est aisé de voir que ce prétendu relâchement est dans plusieurs cas un véritable progrès moral. Ainsi, parmi les pieuses coutumes qu'a perdues notre époque dégénérée, est mentionné, entre le sacrifice du taureau et celui du cheval, le sacrifice humain, [15]

Ainsi, il est dit que, dans le premier âge, un homme qui avait communiqué avec un grand pécheur était obligé d'abandonner son pays, dans le second sa ville, dans le troisième sa famille, mais que dans le quatrième il suffit qu'il abandonne le coupable. [16]

Ainsi est abrogée cette loi bizarre, en vertu de laquelle le frère de l'époux mort ou impuissant devait le remplacer. Cette prescription singulière est mentionnée par Mauou, mais supprimée par lui en raison de la succession des quatre âges [17] ; c'est-à-dire que dès l'époque où le code de Manou a été rédigé, cette coutume commençait à tomber en désuétude par le fait de mœurs nouvelles, et c'est à l'influence de ces mœurs que le législateur, quel qu'il soit, rendait hommage, en modifiant la loi primitive.

Les mœurs ont donc quelque peu varié dans cette Inde, qu'on se figure complètement immobile, et leurs variations ont atteint la législation si pleine d'autorité qui avait en partie créé ces mœurs. Tel est le résultat que l'Inde nous a présenté.

LES JUIFS.

Passons à un autre peuple de l'Orient, le peuple juif ; on ne peut faire un plus grand pas, rien n'est si loin de l'Inde que la Judée. Il n'y a pas dans l'histoire de plus parfait contraste qu'entre les castes de Brahma et les tribus de Jéhovah.

D'une part, un peuple doux, contemplatif, porté à l'abstraction et à la rêverie, des esprits d'une subtilité raffinée, des imaginations d'une richesse surabondante, des corps faibles, des âmes sans courage ; de l'autre, un peuple sombre, énergique, ne possédant qu'un petit nombre d'idées hautes, se nourrissant de quelques sentiments âpres et profonds, des âmes ardentes, un tempérament actif et guerrier ; ici des castes enracinées au sol, émanant comme tout le reste d'un principe immuable ; là un peuple voyageur, portant au milieu de lui une loi qui se révèle librement par l'inspiration au génie des prophètes, et suscite pour son accomplissement le bras des capitaines. Au fond, les deux principes contraires, les deux pôles opposés de la pensée humaine : savoir, l'unité abstraite et l'unité active, le panthéisme et le théisme, le dieu monde et le dieu vivant.

Cependant ces deux peuples appartiennent à l'Orient, et tous deux ont cela de commun, que, chez l'un comme chez l'autre, la loi commande aux mœurs, parce qu'elle est une loi religieuse, et même on peut dire que nul n'est allé plus loin que Moïse dans cette voie. Je ne trouve aucun législateur qui se soit saisi plus énergiquement que lui de l'argile humaine pour la pétrir et la mouler. Moïse parlait au nom d'un Dieu terrible avec lequel il conversait parmi les tonnerres du Sinaï ; et quand, au sortir de ces redoutables entretiens, il apparaissait aux enfants d'Israël, il était à l'aise pour disposer de toutes leurs actions, pour régler souverainement les existences au nom de cette loi écrite sur la pierre par le doigt de Dieu.

Aussi rien n'échappe à ses commandements : dans quels détails n'entre-t-il pas touchant les sacrifices, les mariages, les aliments, les ablutions, les nécessités et les infirmités les plus abjectes de la nature humaine ! Pour séparer son peuple de tous les autres peuples, il marque ses actions et ses coutumes même indifférentes d'un sceau particulier. C'est comme une circoncision sociale, dont l'autre n'est que l'ombre. Il fait plus, il réprime violemment les penchants de ce peuple, surtout le plus puissant de tous, ce penchant irrésistible à l'idolâtrie contracté dans la terre d'Egypte, et entré dès-lors si avant dans les mœurs d'Israël, qu'il fera succomber le plus sage de ses enfants ; Moïse ne cesse point de le combattre, il n'est point avare du fer et du sang. Mais la race juive n'est pas une race docile et souple à la discipline, c'est une race rebelle, intraitable ; Moïse ne se lasse point, et il frappe à grands coups sur ces têtes de bronze jusqu'à ce que le bronze se soit aplati sous le marteau.

Tel est Moïse. Eh bien ! ce législateur armé de l'autorité de son Dieu terrible et de son génie indomptable a été lui-même contraint d'obtempérer aux coutumes et aux mœurs établies de son temps ; il ne s'est pas dissimulé que celles de l'avenir modifieraient son œuvre : c'est ce qui est arrivé au-delà de sa prévision, et nous sommes encore ramenés au même spectacle. Ici comme aux Indes, nous allons voir la loi religieuse, ce roc antique dont la base se cache dans l'abîme du temps, surgir de l'océan des mœurs et nous montrer des vestiges de cet océan son berceau, comme une île qui naît du sein des mers en garde sur son front quelques dépouilles.

D'abord la tribu, ce premier élément du corps social tel que l'organisa Moïse, ne fut point constituée par lui. Elle avait son fondement dans la famille, car elle n'était qu'une association de plusieurs familles descendant ou croyant descendre d'un même chef. Chacune de ces familles particulières formait une branche collatérale de la grande famille, qui était la tribu. Or, cette relation des individus est basée sur les mœurs patriarcales, qui furent les mœurs primitives des Hébreux. Ces mœurs avaient naturellement formé la tribu, Moïse la reçut d'elles, et en fit la base de la société qu'il instituait. Chacune de ces tribus était réellement une petite société qui se gouvernait par ses chefs de famille et ses vieillards, et qui se considérait comme entièrement libre à l'égard des autres. Moïse fit tout ce qu'il put pour les grouper en corps de nation, à chacune il marqua sa place et son rang, à plusieurs, il assigna leur emploi, il s'efforça de modeler l'unité du peuple juif sur l'unité de Jéhovah ; mais, malgré tous ses efforts et même tous ses succès, la vie individuelle des tribus subsista, et après s'être à grand'peine ralliées autour de David, elles brisèrent sous son petit-fils le lien passager qu'elles avaient accepté pour un jour.

Les anciennes mœurs des Hébreux étaient surtout pastorales, Moïse voulut les rendre surtout agricoles. Autour de lui erraient dans le désert des populations vagabondes, vivant de brigandages ; il voulut séparer fortement son peuple de l'errant Ismaël. En masse il parvint à ce double but ; il fixa sur le sol la tente de l'Hébreu, et l'y enchaîna par le lien de la propriété. Mais les mœurs primitives sont tenaces, les mœurs voisines sont contagieuses ; ne voit-on pas sous les Juges de véritables hordes comme les hordes arabes [18] ? et quand le peuple de Dieu est arrivé dans la terre sainte, n'y a-t-il pas des tribus qui désirent prendre le terrain qui est proche du désert pour continuer la vie nomade ? Mais voici qui est décisif, la loi mosaïque elle-même atteste l'existence d'un droit coutumier antérieur à elle, ou qu'elle ne veut ou n'ose pas toujours abolir. Jésus-Christ, en parlant du divorce, l'appelle une concession faite par Moïse à la dureté du cœur des Juifs ; il y en a plusieurs autres du même genre.

Ainsi, on voit par le témoignage de Moïse lui-même que cette obligation imposée au frère d'épouser la veuve de son frère mort sans enfants, qui choque nos idées et que repoussent nos lois, cette obligation qui, sans doute par un progrès moral, tombait en désuétude aux Indes dès l'époque de Manou, existait cent cinquante ans avant Moïse, plus impérieuse encore que dans sa loi. [19]

Ce n'est pas Moïse qui a institué le vengeur du sang, à qui le meurtre d'un parent confère le droit et impose le devoir d'attenter, par tous les moyens possibles, aux jours des meurtriers. Cette coutume est celle de la plupart des peuples primitifs. C'est le tair des Arabes, surtout en usage avant Mahomet. Il est évident qu'elle était de tout temps commune aux populations sémitiques. Rien n'est plus opposé à la discipline de la loi mosaïque que cette liberté de se faire justice par ses propres mains ; rien n'est plus attentatoire à la majesté du Dieu vengeur que de devancer son arrêt, et de substituer un bras périssable à son bras éternel. Cependant Moïse a laissé subsister cet usage. Il l'a trouvé trop profondément enraciné dans les mœurs nationales pour tenter de l'extirper. Nulle part il ne le sanctionne directement, par où on voit bien qu'il n'en est pas l'auteur ; mais il s'en occupe comme d'une chose établie, pour le régulariser et le restreindre.

Car là où cette grande volonté est contrainte de plier devant la puissance invincible des coutumes reçues, des lois qui font partie des mœurs, elle s'efforce du moins de modifier ce qu'elle ne peut détruire. Ainsi, Moïse n'établit pas le divorce, mais il l'admet comme une institution existante, et il en tempère les inconvénients par une clause qui en prévient l'abus, il défend de reprendre la femme qu'on a quittée.

Moïse, le créateur par excellence en matière de législation, n'a donc pas tout créé. Ce puissant artiste a travaillé sur un fond donné, sur une matière qui lui préexistait. C'est l'œuvre des plus grands hommes ; Dieu seul fait quelque chose de rien, et rien de quelque chose.

En outre, comme je l'ai dit, cette loi n'était pas entièrement immuable, une partie a subsisté et subsiste encore, une autre s'est conformée aux temps, s'est transformée avec les mœurs.

Dans certains cas, la correction d'une loi inexécutable ne s'est pas fait attendre longtemps. Ainsi, la loi de mort proclamée d'une manière absolue contre les Chananéens, dans le premier élan de l'horreur religieuse, fut mitigée sous les Juges. Par suite du relâchement et de la corruption croissante des mœurs, l'on fut obligé d'augmenter avec le temps les amendes que Moïse avait fixées. Je ne parle point ici de leur taux relatif, qui suit partout les variations de la valeur de l'argent ; je parle de leur taux absolu. Ainsi, du temps de Moïse, le voleur payait [20] quatre ou cinq fois, et au temps de Salomon sept fois la valeur de l'objet dérobé.

Des dispositions législatives, tout autrement importantes et fondamentales, n'ont pas tenu devant la résistance des mœurs et ; ont été promptement abrogées par l'usage. Telle est l'institution si remarquable de l'année du jubilé.

On sait que Moïse, dont la pensée dominante était la stabilité, la fixité dans les conditions des particuliers ; Moïse, qui ne voulait pas du commerce et de l'industrie, qui n'admettait dans sa cité politique que la religion, l'agriculture et la guerre, avait partagé d'avance la terre promise en un certain nombre de lots semblables, égal à celui des familles. Le véritable propriétaire de cette terre était Dieu : c'était Jéhovah, roi d'Israël. Le sol d'Israël appartenait à Jéhovah comme la terre d'Egypte à Pharaon. L'Hébreu qui le cultivait n'était que le fermier de Jéhovah. La propriété territoriale ainsi constituée, il s'agissait de maintenir l'égalité de fortune entre tous les Juifs, pour que tous fussent égaux sous le niveau de Dieu et de sa loi ; car telle était la pensée de démocratie théocratique qui faisait le fonds de la politique de Moïse. Pour les maintenir dans cet état, il déclara inaliénables ces biens partagés également entre tous ; il permit seulement de les vendre ou plutôt de les engager pour un temps, mais ce temps ne pouvait dépasser un demi-siècle, car après cet intervalle revenait l'année du jubilé, qui devait rendre à chacun la possession de son bien, et rétablir ainsi l'égalité.

Cette loi reposait, comme on voit, sur l'idée même qui est le fondement de toute la législation de Moïse ; divisant une terre qui n'était pas encore aux Juifs et qu'ils devaient conquérir, il n'a été gêné par aucune coutume, par aucun droit antérieur ; il a disposé du sol purement d'après ses idées. Eh bien ! il s'est trouvé que cette disposition était impraticable, et les plus fidèles zélateurs de la loi se sont dispensés d'obéir à une injonction trop contraire aux sentiments et aux mœurs naturelles des hommes.

Pour les preuves que cette partie de la religion mosaïque n'a pas été longtemps ou n'a jamais été en vigueur, on peut consulter Michaëlis, qui le démontre avec la dernière évidence. [21]

Ce n'est pas tout, le génie prophétique de Moïse avait compris que cette œuvre si forte n'était pas à l'abri des vicissitudes humaines ; et c'est un admirable passage du Deutéronome [22] que celui où il pressent que son peuple se pourra bien lasser de n'obéir qu'à Dieu, qu'un jour, malgré tout ce que le génie de Moïse aura fait pour lui conserver sa liberté en l'isolant des autres peuples, l'ennui de cette sainte liberté le prendra, et que, dans sa faiblesse, séduit par l'exemple, il voudra un roi comme le reste des nations. Moïse se résigne à cette dégradation de son peuple et à cet abaissement de sa théocratie, et il prescrit ce qu'il faudra faire quand ce triste jour sera venu. Qu'exige-t-il ? Si les Juifs veulent un roi, qu'ils le prennent, mais qu'ils le prennent parmi eux ; que ce roi ne soit pas un étranger. C'est ainsi qu'avec une profonde sagesse et une indépendance d'esprit supérieure, il fait la part de la contagion pour l'arrêter et sauver du naufrage tout ce qu'il en peut sauver, la nationalité d'Israël.

Il suit de ce qui précède que si la loi de Moïse a agi énergiquement sur les mœurs des Hébreux, leurs mœurs ont sensiblement réagi sur sa loi.

Parcourons rapidement les principales phases de cette action et de cette réaction.

Il faut mettre en dehors de cette étude une portion de la loi qui s'est fondue avec les mœurs, qui est entrée dans le sang et dans la substance des Juifs, qui vit au sein de leurs tribus dispersées, et qui vivra autant qu'elles. Telle est la circoncision qu'ils pratiquent comme au temps d'Abraham ; même certaines prescriptions qui semblent indifférentes subsistent, l'intervalle dont les fiançailles précèdent le mariage est, par exemple, de dix mois aujourd'hui, comme avant la captivité de Babylone. On trouverait dans la vie habituelle des Juifs mille exemples de cette persistance avec laquelle ce peuple se cramponne au passé. Je choisis un trait saillant de sa physionomie morale, l'horreur de ce qui n'est pas lui, la loi de haïr le genre humain ; cette loi est de Moïse. Le genre humain pour les Juifs, c'étaient les nations idolâtres, leurs oppresseurs d'Egypte, leurs ennemis de Chanaan. Il fallait les armer contre ces peuples d'une haine indomptable. Moïse sut planter cette haine si avant dans leurs âmes, qu'elle n'en est plus sortie, et qu'ils l'ont successivement étendue aux divers peuples qu'ils ont rencontrés ; on la retrouve à toutes les époques de leur histoire : dans l'Ancien

Testament, elle éclate à chaque page ; les temps modernes venus, elle s'aigrit encore par la persécution et l'opprobre.

Le Talmud permet au Juif de voler le chrétien, et si le chrétien est au bord du précipice, lui ordonne de l'y pousser. Et de nos jours, dans une ville d'Allemagne, un jeune protestant s'abstint d'aller dans une maison juive, parce qu'il s'aperçut qu'après avoir pris le thé avec lui, on brisait la tasse dont il s'était servi.

Mais à part ce fonds commun qui perce à toutes les époques de l'histoire des Juifs, on ne saurait nier que leurs mœurs et leur organisation politique n'aient changé depuis Abraham jusqu'à nos jours.

Les mœurs qui ont précédé la loi de Moïse étaient, nous l'avons vu, patriarcales, et quelque chose en subsista sous son empire. Moïse fit sa loi pour le désert ; seulement, guidé par un instinct merveilleux d'avenir, il se servit du désert pour discipliner son peuple et le préparer à la terre promise. Après lui, l'état de guerre et de conquête crée au sein d'Israël des mœurs violentes. C'est un temps tout héroïque et tout barbare que celui de ces chefs guerriers qu'on appelait des Juges. C'est le temps du fort Samson et du vaillant Gédéon. C'est le temps où Jahel enfonce un clou dans la tête de Sisara, où Jephté immole sa fille, où le lévite d'Ephraïm divise le corps de sa femme en douze parts, et en envoie une à chaque tribu d'Israël.

Les Hébreux ont le sol à gagner et à maintenir. De là cette guerre acharnée et ces mœurs atroces. Ils ne sont pas encore complètement organisés en corps de nation ; mais quand le moment est venu, quand ils se sentent maîtres du terrain et assis sur le sol de la Judée, la civilisation, cette plante qui sort du sillon creusé par la main de l'homme, la civilisation commence à jeter ses racines au milieu d'eux. De nouvelles mœurs nécessitent cette nouvelle forme de gouvernement que la sagesse de Moïse avait prévue. Et si un chef guerrier convenait à Israël errant dans le désert comme une caravane, ou campé sur son nouveau territoire, Israël établi d'une manière stable au sein de ses villes, au milieu de ses champs et de ses troupeaux, a besoin d'un roi. Les anciennes mœurs dont Samuel était l'interprète y répugnaient ; mais les temps étaient changés, et lui-même fut contraint de céder. Sous Saül, c'est la guerre qui domine encore dans les mœurs juives. Sous David, les arts de la paix se développent, la poésie est sur le trône ; les habitudes du luxe oriental commencent à entourer ce trône. David avait des eunuques. Salomon enfin s'environne d'une incroyable magnificence, bâtit, outre le temple, des palais, des jardins somptueux, couvre la mer de ses flottes, enrichit Jérusalem des trésors d'Ophir, et vit au sein de son sérail comme un roi de Babylone. C'en était trop ; c'était trop s'écarter de la tradition et des vieilles mœurs. Qu'aurait dit Moïse, s'il eût vu cette mollesse au sein du peuple qu'il avait formé pour labourer, peupler et combattre ? Tout l'esprit de sa législation était dirigé contre le commerce, le luxe, l'inégalité de fortunes qui en résulte. Aussi l'état qui avait cette législation pour base, ne put tenir contre l'influence de mœurs opposées à son principe. Les richesses et les femmes étrangères corrompirent cet homme d'un esprit trop étendu et de trop peu de foi ; sage et voluptueux sceptique qui était destiné à terminer l'œuvre de Moïse et à préparer sa ruine, à bâtir le temple et à ébranler la loi. Du jour où Salomon tomba aux pieds des idoles, il prosterna avec lui la majesté d'Israël, qui ne s'en est jamais complètement relevée. Il se repentit, mais il était trop tard, son règne avait porté le coup, le principe mosaïque était vicié, et le lendemain de ce règne, l'unité juive, telle que Moïse l'avait faite, fut brisée. Et maintenant c'est l'esclavage qui retrempera les Juifs ; c'est lui qui, courbant les tribus sous sa verge de fer, les réunira dans une même oppression et une commune douleur. Pour atteler ensemble Israël et Juda, le joug de Moïse n'avait pas suffi, il fallut le joug et la main pesante du vainqueur. A travers toutes ces vicissitudes, la loi a toujours été, au milieu du peuple, personnifiée dans les prophètes qui en sont l'expression vivante ; toujours ils ont averti leurs frères de corriger leurs mœurs dont la perdition a entraîné la perte de leur loi. Après la captivité, ce furent d'incroyables et touchans efforts pour retrouver cette ancienne loi, pour reconstruire l'ancien peuple du Seigneur, pour se reprendre aux mœurs et aux traditions des aïeux ; mais bientôt le glaive d'Alexandre fendit les antiques ténèbres de l'Orient, et rapide comme la lueur de ce glaive, un éclair du génie grec les traversa. La civilisation opiniâtre de la Judée fut bien vite entamée par cette civilisation pénétrante. Sous les successeurs d'Alexandre, les Juifs s'hellénisèrent, et leur loi se corrompit tous les jours davantage. Sous les Macchabées, il y eut un retour prodigieux d'esprit national, et la Judée se crut revenue au temps des Juges. Enfin, les Romains, devant qui tout devait tomber, parurent. Les Juifs choquèrent les maîtres du monde par l'obstination de leurs mœurs et l'indépendance de leur loi. Les Romains firent tout ce qu'ils purent pour dénaturer les unes et fausser l'autre ; l'Iduméen Hérode les servit par ses intrigues : cependant les Juifs ne cédèrent pas, et malgré leur état misérable, malgré les sectes qui les divisaient, malgré les altérations profondes qu'avaient subies leurs croyances, leurs mœurs et leur constitution, ils résistèrent. On vit qu'il fallait en finir avec eux et les détruire. Cela même fut impossible. On brûla Jérusalem, on massacra des milliers d'hommes, de femmes, d'enfants ; on ne put tuer le peuple, il vit encore.

Jérusalem tombée, une nouvelle ère commença pour le Juif, une ère d'exil et d'asservissement : cette condition malheureuse influa sur la loi ; tant qu'il avait été séparé des autres peuples, elle avait subsisté dans son intégrité ; maintenant qu'il allait proscrit à travers le monde, elle perdit sa simplicité primitive ; les mystères insensés de la cabale, les subtilités des rabbins, en la surchargeant, la défigurèrent. Alors aussi les malheureux Juifs connurent et subirent d'autres lois sur lesquelles leurs mœurs n'avaient point de prise. Ce furent les lois de leurs maîtres, les lois du pays qui leur vendait un précaire asile. Ces lois de l'oppresseur firent partout l'immoralité du peuple opprimé, et si l'on peut reprocher aux Juifs du moyen âge des mœurs sordides, on doit dire que ce furent nos lois qui les condamnèrent à ces vices. Partout de leur état civil dépendirent et leur genre de vie et les mœurs qu'ils adoptèrent. Chez les Maures d'Espagne, où leur sort était assez doux, ils cultivèrent les lettres au point de négliger le commerce ; mais dans les pays comme la France et l'Angleterre, où on les persécuta presque toujours, ce fut pour eux une nécessité de se vouer à de moins nobles occupations, de se livrer à l'usure. En les excluant du droit commun, on leur interdisait la propriété territoriale qui a besoin de garantie, et ainsi la barbarie de la législation féodale les poussa vers un genre d'existence qui était tout-à-fait l'opposé de leurs mœurs antiques et de l'esprit de leur loi ; car ces mœurs étaient précisément ce qu'on ne pouvait souffrir chez des Juifs agricoles et guerriers, et l'intérêt de l'argent dont on les forçait à tirer leur seule richesse, l'intérêt de l'argent était proscrit par la loi de Moïse.

La législation qui les opprimait en était donc venue à leur donner des mœurs directement contraires à celles que leur avait faites leur antique loi. Ils acceptèrent avec une ardeur désespérée l'humiliante ressource qu'on leur laissait. Mais cependant, sous le joug qui dégradait leurs mœurs, ils s'attachèrent avec un indicible acharnement à ce qu'ils en pouvaient conserver. Jamais, par exemple, les capitulaires des rois carlovingiens ne purent obtenir qu'ils consentissent à se marier d'après la loi chrétienne. Dans ce rapide coup-d'œil sur les mœurs et les institutions juives aux diverses époques de leur existence, j'ai principalement insisté sur les altérations que les premières ont pu faire subir aux secondes, parce que la législation des Juifs est avec celle de l'Inde la plus inflexible, la plus inébranlable de toutes. Je voulais établir que là même où la loi commande aux mœurs au nom de la religion, il arrive que dans le détail les mœurs modifient singulièrement la loi : si cette vérité est démontrée pour l'Inde et pour la Judée, où pourra-t-on la méconnaître ?

MAHOMET.

Quant à la loi de Mahomet, c'est celle des lois religieuses de l'Orient qui a le moins contrarié les mœurs de ceux à qui elle s'imposait. Elle n'a point, comme la loi de Moïse, tenu en bride les appétits d'un peuple charnel, elle leur a donné carrière, elle a été facile aux penchants de ses sectateurs, et c'est à cette facilité qu'elle a dû en partie sa puissance. Ces tribus étaient guerrières avant Mahomet ; l'amour et les batailles, c'est tout ce que chantent leurs anciens poètes, c'est tout ce que raconte l'épopée romanesque d'Antar. Mahomet n'est pas venu gêner les passions arabes, il est venu les exalter. Il a dit à ces chefs de hordes : Vous aimez la guerre, les femmes et le pillage ; eh bien ! guerroyez au nom de mon Dieu, et les belles captives et les trésors de l'infidèle ne vous manqueront pas. Au milieu de ces populations naturellement enthousiastes, qui ont deviné la chevalerie européenne, si elles ne l'ont pas inspirée, il a jeté l'idée sublime de Dieu, il s'est fait le représentant de cette idée, et au nom d'Allah et de Mahomet, il a prescrit à ses disciples ce qui pouvait leur plaire davantage, la conquête du monde. Qu'est cela en comparaison du mors que la main de Moïse a placé dans la bouche d'Israël ? A côté de lui je trouve Mahomet bien petit. Il flatte la nature humaine. Moïse la dompte.

Ouvrez le Koran, le meurtre est acquitté par une composition pécuniaire, concession que Moïse n'a point faite ; le Koran ajoute : ou par la délivrance d'un musulman captif. Cette clause est dans l'intérêt de l'extension de la foi ; mais remarquez la faiblesse de la loi devant l'exigence des mœurs. Quelques avantages que retire l'islamisme de la délivrance d'un fidèle, le vengeur du sang peut refuser la compensation et demander qu'on livre le meurtrier à sa merci.

Cependant, il faut le reconnaître, cette loi, si complaisante aux mœurs primitives, fit quelques efforts pour les améliorer, principalement à l'égard des héritages. Elle lutta contre d'antiques coutumes qui refusaient à l'orphelin et à la veuve les biens du père et de l'époux ; on alléguait que ce bien devait aller à ceux qui étaient en état de porter les armes. Mahomet, quelque belliqueuse que fût sa législation, comme inspiré par je ne sais quel souffle de christianisme, statua qu'on respecterait la part des veuves et des orphelins. Il voulut que les femmes ne fussent pas prises contre leur gré par droit d'héritage ; cependant il resta de la prépondérance affectée aux guerriers dans l'origine, et qu'il était dans les mœurs de maintenir, cette règle générale : à un homme doit échoir le double de ce qui échoit à une femme. Chose remarquable ! cette loi, en général si docile aux passions et aux coutumes des hommes parmi lesquels elle s'est établie, a résisté avec une énergie singulière à tous les changements qu'aurait pu y introduire par la suite la diversité des mœurs, des lieux et des temps. Au sein de la civilisation été gante des califes, comme sous la tente, en Afrique, en Espagne, en Sicile, aux Indes, à la Chine, à Constantinople, d'un bout du monde à l'autre, et à travers douze siècles, l'islamisme a subsisté inaltérable. Ce qui semblait dans ses pratiques le plus local et le plus accidentel n'a été nulle part et jamais abandonné. Dans le désert, le musulman imite avec le sable les ablutions prescrites ; perdu dans les steppes de la Tartarie, il se tourne pour faire son oraison vers le côté où il croit que se trouve la pierre sacrée de la Mecque. L'islamisme a eu sur le judaïsme un avantage, c'est de venir après que les Romains avaient passé ; l'empire du monde était vacant, et il a osé y prétendre. Si cet empire lui a échappé, du moins personne n'a pris la Mecque, et le croissant resplendit sur la ville des Césars. Les musulmans ont un pied en Europe, où leur présence nous outrage, où ils nous méprisent de les supporter, et il y a peu d'années, une grande puissance a reculé devant leur fanatisme aux abois. Ce fanatisme est leur force, car c'est l'amour passionné de leurs mœurs et de leurs lois. Je sais que, de nos jours, un petit-fils d'Othman a conçu l'étrange dessein de tailler brusquement la société musulmane sur le modèle de la nôtre. Ceux qui ont vanté les égorgements philosophiques de ce brûleur de casernes, dont on a voulu faire un grand homme, et qui n'est qu'un barbare honteux, croyant marcher avec l'Europe, et se traînant à sa suite dans le sang ; ceux qui l'ont vanté pensaient sans doute que la civilisation se laissait intimer par un décret sanglant du despotisme, et qu'on pouvait envoyer le cordon de mort à une société comme à un visir. Les choses ne vont point ainsi : il y a encore beaucoup à faire pour transporter Paris à Constantinople. Au reste, il me semble évident que le jour où Mahmoud aura renversé le dernier débris des mœurs nationales et religieuses qui étaient le support de son empire, cet empire posant à vide tombera. Dans l'intérêt de l'Europe et de la Grèce, je souhaite que le sultan remporte encore beaucoup de victoires sur les mœurs et sur le fanatisme de ses sujets.

L'ÉGYPTE ET LA PERSE.

Comment parler de l'Orient et ne pas prononcer le nom de l'antique Egypte ; mais comment comparer ses lois et ses mœurs, quand les unes et les autres nous sont si imparfaitement connues ?

L'Egypte tout entière est un grand hiéroglyphe que l'on n'a pas encore déchiffré. Ce qu'on entrevoit de sa constitution présente des rapports frappants soit avec l'Inde, soit avec la Judée. Comme dans la première, nous voyons ici des castes qu'Hérodote appelle des races [23] vouées à certaines occupations héréditaires ; à leur tête une caste sacerdotale gouvernant par un roi de la caste des guerriers, et les prêtres réglant avec le même despotisme qu'aux Indes sa vie et ses moindres actions. En Egypte, je trouve, comme chez Moïse, l'agriculture fondement de l'état, et de perpétuels efforts pour asseoir la société sur une base territoriale et pour la défendre de la contagion et de l'invasion des mœurs nomades, pour séparer fortement le peuple agricole des peuples pasteurs qui le soumirent une fois et le menacèrent longtemps. Ces analogies ne sont pas très extraordinaires, car l'influence de l'Inde sur l'Egypte, admise par Heeren et Cuvier, n'est guère douteuse, et celle de l'Egypte sur la Judée l'est encore moins. Je ne répéterai donc point à propos de ce peuple ce que j'ai dit à propos des deux autres, et je renvoie pour les observations que j'aurais à faire sur lui à celles que j'ai faites sur eux.

Ce n'est pas que, dans le peu qu'on sait des antiques mœurs de l'Egypte, il ne soit possible de démêler quelque trait saillant qui tranche avec celles de tout autre pays. Telle est, par exemple, cette préoccupation de la mort qui dominait la vie entière des Egyptiens, qui était familière à toutes leurs pensées et présente à toutes leurs actions. Depuis la tête de mort qu'on apportait au milieu du festin pour exciter les convives à la joie, jusqu'à ces nécropoles plus vastes que les cités des vivants, ces temples dont les murs sont couverts de peintures qui représentent l'histoire de l'âme après la vie, ces pyramides, masses énormes élevées à grand'peine pour y cacher un tombeau : tout en Egypte parle de la mort. Ceci devait tenir aux mœurs et se retrouve dans les lois. L'Egypte est le seul pays où l'on ait fait un moyen politique d'un arrêt funèbre et soumis un cadavre à un jugement.

Mais je le répète, nous n'avons point le code de l'Egypte. Les Grecs, qui nous apprennent quelque chose de ses institutions et de ses coutumes, ne l'ont visitée qu'après l'ère des Pharaons, après cette ère de dix siècles, pendant lesquels la civilisation égyptienne se développa dans sa pureté ; alors cette civilisation commençait à s'altérer par la conquête. Peut-être est-il donné à notre temps d'en savoir davantage. Attendons ! [24]

La Perse aussi présente de grandes obscurités. Je ne veux ni ne dois m'y enfoncer. D'importants travaux se préparent en ce moment sur les antiquités persanes. Jusqu'à ce qu'ils aient paru, on ne peut s'aventurer sur ce terrain mal connu sans courir le risque de s'égarer. Je dirai seulement qu'en comparant ce que les auteurs anciens nous apprennent des Perses avec ce que nous révèle l'imparfaite traduction des livres de Zoroastre que nous possédons, l'on peut déjà s'assurer que ces mœurs et ces institutions étaient dans une parfaite harmonie et reposaient sur la même idée : c'était l'idée qui servait de base à leur religion, l'idée de la guerre, mais de la guerre sacrée, livrée par le principe bon, intelligent, lumineux, an principe ténébreux et malfaisant-De cette idée sortait naturellement celle de la pureté, base de la loi de Zoroastre et des mœurs qu'il prescrivit. Les prescrivit-il en effet, ou les mœurs étaient-elles antérieures à lui et ont-elles passé de la coutume dans sa loi ? J'incline à le croire sans prétendre le prouver. Mais d'abord je remarque dans la race d'Iran la prépondérance et l'émancipation de l'esprit guerrier. Ce peuple, surtout militaire, ne paraît jamais avoir porté le joug de ses mages comme les Indiens celui de leurs brahmes. D'après cela, je ne pense pas qu'il ait reçu de sa religion cette idée de pureté, fondement de sa morale et de ses mœurs ; je crois plutôt qu'il l'a puisée dans son génie austère et belliqueux.

Zoroastre s'empara de cette idée, il en tira les préceptes qui en paraissaient le plus éloignés. Ainsi voulait-il favoriser l'agriculture ? Dans ce but, il ordonnait de cultiver la terre pour la purifier, pour la soustraire au mauvais principe et la mettre sous l'empire du principe bienfaisant. Plusieurs de ses lois eussent révolté son temps, si elles n'eussent été préparées par les mœurs. Que dis-je ? elles l'eussent révolté lui-même. Si par exemple le pouvoir de cette idée de pureté n'avait pas été si grand sur toutes les âmes, si elle n'eût pas inspiré un respect superstitieux pour le feu, son image et son symbole, le caractère humain de ce législateur qui détend, sous des peines sévères en ce monde et dans l'autre, de battre une chienne qui a des petits, ne lui aurait pas dicté cette sentence barbare : Celui dont la bouche a soufflé sur le feu est digne de mort.

Du reste, Zoroastre s'est donné constamment non pour un créateur comme Moïse, mais pour un rénovateur de la tradition antique, un réformateur de la tradition corrompue ; il veut reconstituer dans sa pureté l'ancienne société persane, l'empire de Djemschid. Sa législation est une restauration des mœurs primitives.

Il est donc permis de croire, d'après cela, que les mœurs eurent eu Perse, comme ailleurs, une puissante influence sur la loi religieuse qui en exerça sur elles une si grande à son tour.

LA CHINE.

Reste un pays à part, presque aussi étranger par sa constitution à l'Orient qu'à l'Occident : c'est la Chine où il n'existe ni castes religieuses ni noblesse militaire, mais un despote, de la police et de l'administration, où la libre concurrence du savoir ouverte à tous est la base de la hiérarchie sociale, où enfin les disciples de Confucius gouvernent sous un roi tartare une population bouddhiste.

Cet empire dont la population égale presque celle de l'Europe existe depuis plus de quatre mille ans. Certes il a été le théâtre de bien des changements que nous connaissons mal encore. Les diverses parties qui le composent se sont à plus d'une reprise séparées et réunies. Il a été régi par vingt-deux dynasties ; il a donc éprouvé au moins vingt-deux révolutions. Deux fois il a été vaincu par les barbares, et deux fois il a vaincu la barbarie.

Depuis l'époque de ses premiers rois, que le début de son histoire nous montre desséchant le sol et fondant la société, jusqu'à l'empereur qui règne maintenant sur cent quatre-vingt millions d'hommes, à travers la longue période de ses déchirements, quelque chose a subsisté immobile : c'est le fonds de ses anciennes mœurs. Ce fonds est aujourd'hui bien altéré, bien corrompu sans doute, mais il est reconnaissable même à cette heure, au sein d'une civilisation décrépite, comme les traits caractéristiques du visage de l'enfant peuvent se lire encore sur la physionomie décomposée du moribond.

Quel était-il ce fonds immuable d'où tout est sorti ? quel était l'élément primordial de cette vieille société ? C'était la famille patriarcale, la famille agricole. De là les deux idées qui sont encore l'âme de la politique chinoise : l'obéissance filiale, l'importance de l'agriculture.

Ouvrons les annales de la Chine. Quel spectacle nous présentent les premiers chapitres du Chou-King, son plus ancien livre historique ? Un chef gouvernant les familles et les tribus qui se groupent autour de lui, comme il gouvernerait des enfants et des serviteurs, appliquant tous ses soins à assainir la terre, à la rendre habitable et féconde, à favoriser par la culture la multiplication de l'homme et des animaux utiles. Ce sont quelques tribus qui se détachent de leur errante famille et se font une vie stable en s'attachant au sol. Ce qui peut seconder la tendance agricole, la faire prévaloir sur la vie nomade, c'est là ce que le chef encourage et prescrit avec une autorité toute paternelle. Un de ces anciens rois est un laboureur, un autre est choisi à cause de son respect pour ses parents [25]. Si l'on énumère les devoirs des rois, le premier est de procurer au peuple les cinq choses nécessaires à la vie, celui de faire régner la vertu ne vient qu'après [26]. Des huit règles du gouvernement la première est celle des fruits, la seconde celle des biens, c'est-à-dire, le soin de la nourriture et du bien-être matériel des hommes. La maxime fondamentale est l'obéissance filiale, et ce qui n'en est qu'une extension, le respect de la vieillesse, un vieillard étant respectable pour chacun en ce qu'il lui présente l'image de son père. En ces temps, l'idée de la paternité, dans laquelle se confondait celle de l'amour maternel, s'appliquait au principe de la société et à celui de l'univers. On disait : De même que le ciel et la terre ont le père et la mère de toute chose, le roi doit être le père et la mère de son peuple [27].

Les diverses dynasties qui arrivèrent à l'empire, sanctionnèrent leur usurpation par une adhésion constante aux anciennes maximes, un respect inviolable des anciennes mœurs. Ce fut le lien qui réunit successivement autour du trône impérial les états indépendants.

C'est sur cette base que s'établit la monarchie des Chinois, qui atteignit une certaine unité vers le onzième siècle avant Jésus-Christ. Mais bientôt ce lien se relâcha d'abord, puis se brisa entièrement, et alors commença cette époque d'anarchie et de divisions qu'on a justement nommée le moyen âge de la Chine, et qui fut aussi long que le nôtre. C'est au plus fort de cette anarchie, quand l'autorité impériale n'existait plus que de nom et avait à peu près autant d'influence sur les états nés du démembrement général que celle de l'empereur au quatorzième siècle sur les grands feudataires d'Allemagne ; c'est alors que parut Confucius. Confucius sentit le besoin de reconstituer l'unité chinoise. Que fit-il dans ce but ? Il recueillit les anciens rites, les anciens chants, les anciennes maximes, les histoires des premiers temps. Voilà ce que contiennent les cinq kings dont il est le rédacteur. Tout son enseignement était un appel au passé ; son idéal politique, c'était la résurrection des mœurs antiques. Seulement, venu dans un temps philosophique, dans un temps où il y avait des sectes et des écoles, il donna une forme abstraite et symétrique à cette morale qui n'était au fond qu'une tradition réduite en système. Si cette doctrine l'a emporté sur ses rivales, si elle est devenue une autorité, tandis que les autres sont restées à l'état d'opinion, c'est qu'elle n'était qu'une expression systématique, une sorte de traduction en langage abstrait des mœurs primordiales, des sentiments intimes du pays. C'est par là qu'une philosophie a pu devenir une loi.

Au reste, ce n'est que douze cents ans après Confucius, au septième siècle de notre ère, que son école est entrée en possession de la société chinoise. Ce n'est qu'alors qu'a été organisé le système des examens par lequel tous les emplois sont donnés exclusivement aux lettrés, selon le degré auquel ils ont porté l'étude de la morale et de la politique de Confucius.

Il a fallu tout ce temps pour user l'anarchie féodale, et quand son ère a été consommée, les lettrés dépositaires d'un système qui reposait sur les anciennes mœurs, qui contenait ce qu'il y a d'immuable dans la nature chinoise, se sont trouvés les vrais représentants de la société ; ils ont été en mesure de lui donner ce qu'elle cherchait après tant d'agitations, l'unité et la paix au sein d'une organisation naturelle et nationale, et c'est ainsi qu'un corps de littérateurs a pu hériter de la violence et de la guerre, et qu'une époque pacifique a pu succéder à des siècles de destruction.

Quand les généraux et les fils de Djingis-Khan conquirent la Chine, leur première pensée fut de la détruire ; car c'est ainsi que ces chefs entendaient la conquête. Les lettrés garantirent la Chine de l'extermination totale dont elle était menacée. A cette époque, on en voit quelques-uns, ministres des empereurs mongols, s'interposer entre eux et leurs concitoyens, enseigner à ces vainqueurs sauvages quel parti ils pouvaient tirer de l'administration régulière qu'ils trouvaient établie dans l'empire, et les gagner à l'humanité en leur prouvant que le gouvernement leur rapporterait plus que le pillage. Ces lettrés, en sauvant l'existence matérielle de leur pays, avaient sauvé sa civilisation ; car les Tartares ne l'ayant pas anéantie furent contraints de l'adopter. Alors on vit quelle est la force d'une organisation sociale fondée sur des mœurs enracinées. Mœurs et lois résistèrent à la plus terrible des conquêtes, et s'imposèrent aux plus redoutables des conquérants.

Le même spectacle se reproduisit lors de la conquête des Mantchoux, et à l'heure qu'il est, l'empire du milieu, après avoir traversé tant de siècles, tant de vicissitudes et d'invasions, est encore gouverné par ses vieilles maximes. Ce qu'il y a d'essentiel dans ses mœurs n'a pas péri.

Mais qu'est-il résulté de cette inconcevable ténacité ? Ces mœurs, nées d'un état de choses entièrement aboli depuis bien des siècles, ont cessé d'être en harmonie avec la société qui s'appuyait sur elles ; elles ont perdu, pour ainsi dire, leur sens et leur vertu. L'empereur de la Chine s'appelle encore le père et la mère de son peuple, et une fois par an il ouvre lui-même un sillon en témoignage de son respect de l'agriculture ; mais l'autorité paternelle et patriarcale s'est peu à peu changée en un despotisme absolu. Le devoir de nourrir les cent familles primitives est devenu le soin du bien-être matériel d'un peuple immense. Despotisme sans limites du souverain, soin exclusif du bien-être matériel des sujets, voilà à quel état de choses ont abouti les anciennes mœurs patriarcales et agricoles. Il valait mieux pour elles s'effacer, et être remplacées par des mœurs nouvelles que de subsister ainsi dénaturées. La Chine est une momie de peuple. Une momie a, si l'on veut, figure d'homme ; on y reconnaît même les traits fondamentaux de la race, mais elle ne subsiste qu'au moyen des bandelettes qui la serrent et sans lesquelles elle tomberait en poussière ; mais de son sein vide on a retiré les organes de la vie. Il en est ainsi de la Chine ; ses membres ne tiennent ensemble que parce qu'elle est étroitement emmaillotté dans les langes de son enfance, son sein est creux, il n'y a plus de cœur.

Lisez dans les journaux anglais les actes du gouvernement, les proclamations officielles insérées dans la Gazette Impériale, et vous croirez lire un chapitre du Chou-King ; l'empereur actuel parle comme parlait l'empereur Yao : mais ouvrez le code pénal de la Chine, son seul code, et vous verrez ce que sont devenues dans la réalité les anciennes mœurs. L'obéissance filiale est toujours la base de la société, mais l'empereur étant le père de tous, cette obéissance est une prostration de tous devant son pouvoir, et c'est au nom d'un sentiment respectable en soi et inhérent aux mœurs chinoises, mais perverti par la servitude, qu'ont été établies des lois atroces : telles sont celles qui prononcent contre l'auteur de toute atteinte non-seulement à la personne de l'empereur, mais à son palais, au temple de sa famille, aux sépultures de ses ancêtres, une mort épouvantable, le supplice des couteaux [28], et enveloppent dans cette sentence tous les parents du coupable. Il y a des peines sévères pour celui qui, dans un placet, emploie le nom de l'empereur, porte ou donne son nom ; il est défendu d'imiter les rites impériaux [29]. Le crime de lèse-majesté est identifié avec le sacrilège [30]. Tout ce qui tient au gouvernement participe de ce respect superstitieux. Le châtiment pour celui qui jette une pierre contre un monument public [31] ou qui résiste à la patrouille, est la mort [32]. C'est que le gouvernement et même la police ont hérité de la vénération primitive et de la docilité sans bornes qu'inspirait le chef patriarcal à la famille politique primitive.

Le principe des anciennes mœurs est donc caché au fond des institutions actuelles, mais il y est avorté, flétri ; de là est résulté le marasme moral où languit cette nation. Son gouvernement a pu lui donner la paix, une certaine justice, l'abondance des biens matériels : la population y a tellement augmenté, que deux millions d'hommes y vivent sur les rivières et les canaux, et que les mères, ne pouvant élever leurs enfants, ont dans leur ménage un bassin de cuivre pour noyer les nouveau-nés. Mais un peuple dénué de vie morale n'est rien, malgré ses richesses, ses aises, sa population, rien qu'un paralytique couché sur un coffre-fort. Et, bien qu'elle conserve à beaucoup d'égards les coutumes des anciens sages, au fond cette nation n'a d'autre loi que les supplices, d'autre conscience que le bambou.

Savez-vous en effet ce qu'est la loi fondamentale, *la grande loi* ? C'est le tarif des coups, des amendes et des bannissements, le tout symétriquement, on pourrait presque dire géométriquement disposé, de sorte que tant de coups correspondent à tant d'onces d'argent, à tant de milles de distance. Savez-vous quelles instructions préliminaires sont placées en tête de cette législation ? « Le bambou est droit, poli, sans branches, de la longueur, de la largeur et du poids marqués dans le tableau. On le prend pour s'en servir par le bout le moins gros [33]. »

Il nous importe de remarquer que, dans la distribution de ces corrections légales, ce sont des idées empruntées aux mœurs primitives de la Chine, qui bien souvent décident des coups à recevoir ou des sommes à payer.

De l'obéissance filiale découle la puissance paternelle : ainsi on peut tuer ses fils ou ses petit-fils pour soixante-dix coups [34] par tête, mais si on lève la main sur sa belle-mère, on reçoit six cents coups [35].

La déférence pour l'âge est encore une suite de l'obéissance filiale ; ainsi il y a une grande différence entre les crimes commis à l'égard d'un parent plus âgé ou moins âgé que soi [36].

Le bâton qui prescrit aujourd'hui les vertus naturelles aux mœurs primitives des Chinois leur recommande aussi l'agriculture [37], qui fesait une partie essentielle de ces mœurs. En un mot, il se met toujours à la place de la sagesse traditionnelle des premiers rois et de la morale dogmatique de Confucius.

Mais cette législation ne se borne point à enjoindre par la peur du châtiment le mensonge des anciennes mœurs, elle va plus loin. Elle corrompt positivement les mœurs existantes. Un grand nombre d'emplois sont doubles, pour que les deux fonctionnaires qui en sont revêtus se surveillent l'un l'autre, et ainsi une prime est offerte à l'espionnage et à la délation. En général la dénonciation d'un coupable est prescrite à tous, et ses biens sont promis au dénonciateur. La dernière honte pour une législation, c'est d'écrire la bassesse dans son code, et d'en venir à faire de l'honneur un crime capital.

Veut-on voir enfin le vol prescrit par mesure administrative ? Dans une ville située sur la frontière de la Chine et de la Russie, les Russes s'apercevaient que leur bonne foi était sans cesse trompée par de faux poids, de fausses mesures, par toutes les ruses familières aux marchands chinois. A leurs plaintes l'autorité locale répondait qu'elle était indignée de ces fourberies et prendrait des mesures pour les faire cesser, quand le hasard fit découvrir une pièce officielle par laquelle les magistrats de la ville encourageaient les marchands chinois à tromper les Russes, et même leur en indiquaient les moyens. Voilà où en est ce peuple, voilà où il a été conduit par l'opiniâtreté avec laquelle il s'est attaché à deux ou trois idées empruntées à ses mœurs primitives. Ce que ces mœurs avaient de vital a péri. Leur cadavre est resté, et cette société attachée à un cadavre a fini par se putréfier. Détournons nos yeux de ce hideux spectacle pour les attacher sur ce que l'histoire a de plus brillant. Passons à la Grèce.

LA GRÈCE.

La Grèce fut le plus éclatant théâtre du développement de l'humanité ; c'est plaisir, en sortant des profondeurs mystérieuses de l'Orient, d'aborder à cette ingénieuse terre de Grèce, et de saluer dans ses mœurs et dans ses lois l'aurore de la liberté.

On le sait, la Grèce est double ; deux tendances distinctes se manifestent dans son sein et se font sentir à travers toute son histoire. Deux civilisations d'un caractère opposé s'y dessinent en face l'une de l'autre, et finissent par se combattre. L'une est la civilisation dorienne qui tient encore à l'Orient par un reste d'influence sacerdotale et par des penchants aristocratiques ; l'autre est la civilisation ionienne qui a entièrement rompu avec l'Orient et où dominent le commerce et la démocratie : l'une grave, sévère, l'autre pétulante et voluptueuse ; l'une amie de l'ordre et de la règle, l'autre éprise de la liberté.

Cette opposition fondamentale se trahit en toutes choses, dans la religion, dans l'art, dans les mœurs. Le dorisme austère, inflexible est bien représenté par Sparte et Lycurgue. L'ionisme ingénieux, mobile est bien représenté par Athènes et Solon.

Si nous cherchons à faire en Grèce la part des deux principes dont nous traçons l'histoire, nous trouverons d'abord qu'à Sparte les mœurs ont ployé sous les lois et qu'à Athènes les lois ont obéi aux mœurs.

Que Lycurgue soit un personnage réel, qu'il soit, comme on commence à le croire, un personnage mythique, peu importe. Toujours est-il que la tradition nous le représente agissant à la manière d'un législateur oriental. Il parle au nom d'une divinité, au nom de l'Apollon de Delphes, de l'Apollon Dorien. Ce n'est qu'après que la Pythie l'a déclaré le plus sage des hommes, et lui a expressément annoncé qu'il fonderait la meilleure des républiques, ce n'est qu'investi par elle d'une autorité sacrée, qu'il se met à l'œuvre, et ses lois s'appellent des oracles (*vethra*). Veut-il instituer son sénat, son grand moyen politique, le sénat, destiné à faire équilibre entre les rois et le peuple, il a soin qu'un oracle spécial en prescrive l'établissement. En un mot, Lycurgue est un Moïse dont la montagne de Delphes est le Sinaï.

Parlant ainsi au nom de la religion, Lycurgue n'a pas besoin de ménager beaucoup les mœurs de ses concitoyens. La propriété était très inégalement répartie, Lycurgue divise la terre en neuf mille lots égaux qu'il partage entre les Spartiates, et qu'il défend d'aliéner. Il anéantit le commerce et l'industrie par sa monnaie de fer, brise d'un coup toutes les existences, détruit toutes les fortunes ; on se plaint, mais on se soumet, car le trépied a parlé.

Lycurgue poursuit son œuvre : d'abord il faut qu'il permette à l'enfant d'exister ; si cette matière vivante n'est pas propre à entrer dans son moule, il la rejette impitoyablement.

La vie tout entière des Spartiates, comme l'a dit excellemment Aristote, n'était qu'une sévère discipline. Cette discipline les prenait au berceau, car les nourrices avaient ordre de faire jeûner de temps en temps les enfants qu'elles allaitaient. Un peu plus grands, on les fouettait à l'autel de Diane pour les accoutumer et les endurcir à la douleur. Devenus citoyens, ils étaient tenus comme les enfants sous la verge de la loi. Tous devaient être vêtus de la même manière, tous devaient manger en commun ; un petit nombre de mets seulement étaient autorisés, les voyages étaient interdits, le célibat puni, la règle s'étendait à tout.

Il n'est pas jusqu'aux sentiments les plus naturels, ceux qui font partie, pour ainsi dire, de l'âme humaine, qui ne fussent foulés aux pieds par cette législation d'airain ; elle ne s'attaquait pas seulement aux mœurs d'un peuple, mais aux mœurs communes du genre humain. Elle arracha aux mères leurs enfants, elle déchira la tunique des vierges, elle défendit de pleurer plus de douze jours les parents perdus, elle ordonna au mari d'abandonner sa couche à un étranger plus robuste, elle fit du vol une vertu, heurtant toutes les bases ordinaires de la société humaine, la famille, la pudeur, la fidélité conjugale et la propriété. Puis, son œuvre achevée, elle la proclame éternelle. Nulle pierre ne devait être remuée dans cet édifice construit tout d'une pièce ; et en effet, il dura cinq cents ans immobile au milieu des révolutions innombrables qui agitaient autour de lui tous les états de la Grèce, et l'esprit de Lycurgue se retrouve à tous les moments de cette durée depuis l'éphore Ekprepès brisant à coup de hache deux cordes qu'un musicien avait voulu ajouter à la lyre, jusqu'à cet Agis, roi vraiment martyr, qui eut l'honneur de mourir pour la loi de son pays.

Certes on ne m'accusera pas de méconnaître l'empire de la loi de Lycurgue sur les mœurs. Cet empire fut poussé jusqu'à la tyrannie et tint du prodige. Mais après avoir reconnu une si incontestable vérité, il faut se demander si par hasard cette tyrannie ne nous semble pas plus violente qu'elle ne le fut réellement, et si une bonne partie des commandements de Lycurgue que nous trouvons les plus durs étaient pour ceux auxquels ils s'adressaient aussi choquants que pour nous ; en un mot, s'il n'y avait pas sur bien des points quelque conformité entre les lois de Lycurgue et les mœurs doriennes.

Ce qui le prouverait, ce sont les ressemblances qu'on remarque entre les diverses constitutions des états doriens.

L'organisation de la république lacédémonienne se montre dans chacun de ces états, à de légères différences près. On voit qu'ils étaient tous formés sur un même plan. Dans tous se retrouvaient une famille héroïque, en général des Héraclides, investie de la royauté [38], dans tous un sénat de vieillards [39], une éphorie [40]. Les institutions que nous sommes le plus accoutumés à lier dans notre esprit avec l'idée de la constitution de Lycurgue, n'étaient pas étrangères aux autres républiques doriennes. Les festins en commun existaient en Crète comme à Sparte, à Mégare du temps de Théogris, à Corinthe avant le tyran Périandre [41]. Le costume des jeunes Lacédémoniennes dont au reste les déclamations athéniennes ont exagéré l'indécence, leur habitude de se livrer, en présence des hommes, à divers exercices gymnastiques, toutes ces choses qui nous surprennent dans ces lois de Lycurgue, tenaient aux mœurs doriennes. Il était dans les mœurs que les jeunes filles fussent, moins que les femmes mariées, renfermées dans la maison domestique, plus exposées qu'elles aux regards, plus mêlées à la société des hommes ; c'étaient des mœurs plus franches, plus fortes, plus septentrionales et moins asiatiques que celles des populations ioniennes. Enfin la loi qui prescrivait à l'époux d'enlever son épouse, toute bizarre qu'elle semble, devait avoir sa raison dans quelque coutume dorienne ; car en Crète il existait un usage évidemment analogue à celui-ci : l'enlèvement du jeune homme aimé par l'ami qu'il s'était choisi [42].

Une des lois les plus extraordinaires que Lycurgue ait portée est celle qui prescrivait aux jeunes Spartiates le vol, mais un vol adroit. Elle se rattachait à une autre du même genre par laquelle il leur était enjoint de s'enfoncer à certaines époques dans les bois, les montagnes et les lieux sauvages, et là de vivre pendant quelque temps de ce qu'ils pourraient se procurer par la ruse ou la force, menant véritablement la vie de brigands. M. Millier, l'homme qui nous a fait le mieux connaître l'existence des populations doriennes, voit, dans cette institution, une tradition perpétuée des anciennes mœurs, quand les Doriens dans les montagnes de l'Olympe ou de l'Æta étaient obligés de mener un genre de vie semblable, et de conquérir ainsi chaque jour leur nourriture sur les habitants de la plaine [43]. Il voit également dans la fustigation des enfants à l'autel de Diane un signe commémoratif du culte antique et sanglant de la déesse [44] de la Tauride. Ainsi les mœurs et les traditions primitives des peuples doriens tiendraient dans les lois de Lycurgue une place beaucoup plus grande qu'on n'est tenté d'abord de le supposer.

Du reste, c'est l'opinion du savant dont je parle que les mœurs de ces populations étaient les vieilles mœurs helléniques qui subsistèrent à Sparte plus purement qu'ailleurs. Il a montré dans l'époque héroïque le type de la royauté dorienne ; il fait voir que les rois dans Homère ressemblent beaucoup à ce que furent les rois de Sparte [45], qui de même sacrifiaient aux dieux et recevaient une portion de la victime. Il a également retrouvé dans Homère le conseil des vieillards [46], la gérusie lacédémonienne ; enfin jusqu'à l'origine des repas en commun entre les chefs avec exclusion des femmes. Il a même rendu très vraisemblable que ces mœurs avaient existé chez les peuples où plus tard la démocratie les a fait disparaître ; il a reconnu clans les prytanes d'Athènes un dernier reste de la royauté héroïque conservée à Lacédémone.

Ainsi considérée, l'œuvre de Lycurgue nous apparaît sous un jour tout nouveau. Si c'est à certains égards une tyrannie violente des mœurs contemporaines, c'est à beaucoup d'autres une réhabilitation, une réorganisation des mœurs antérieures, et l'influence des mœurs reparaît ici jusque dans la législation, qui semblait le plus les soumettre et les dominer.

Ce qu'on peut dire, c'est que la constitution de Sparte était fondée sur l'exagération du principe commun à toutes les autres constitutions doriennes. Ce principe était l'ordre, non cet ordre négatif, pour ainsi dire, qui n'est que l'absence du désordre, qui est produit par une force compressive, et périt dès qu'elle se retire ; mais cet ordre réel qui tient à l'agencement harmonieux de toutes les parties de l'état, de tous les éléments de la cité. C'est ce que les Doriens distinguaient par le beau nom de *cosmos*, qui exprime l'ordre de l'univers. L'ordre en ce sens, cet ordre plein de simplicité et de grandeur qui naît de la subordination des parties à l'ensemble, se trouve dans leur architecture, comme il se retrouvait dans leur religion, dans leur poésie, dans leur musique. Toute leur existence était empreinte de ce caractère d'ordre et d'harmonie, et ils en transportaient le sentiment et le besoin dans la politique. La société, selon les idées et les mœurs doriennes, n'était pas une collection d'individus indépendants et isolés, mais une agglomération compacte de citoyens serrés en faisceau par un lien religieux, nul n'ayant d'existence personnelle, chacun vivant de la vie de tous, et se perdant, pour ainsi dire, dans l'état.

Tel était pour les Doriens l'idéal du gouvernement, l'idéal qu'ils cherchèrent à réaliser partout où ils s'établirent, en Crète, à Corinthe, en Sicile. C'est là ce que voulut Lycurgue, il le voulut avec excès. Dominé par l'idée de l'ordre dorien, du cosmos, il ne tint compte des sentiments de l'individu et de la famille et les immola, l'un et l'autre à la chose publique. Il ne laissa vivre que celui qui pouvait la servir et à la condition de la servir sans cesse ; il subordonna tout à ce devoir, qui était à ses yeux la fin même de la politique ; il n'abandonna rien à la fantaisie particulière, ni les banquets, ni les vêtements, ni même les rapports intimes des époux ; il ne ménagea aucun des sentiments les plus chers au cœur humain, aucun des instincts les plus impérieux de notre nature : tout cela était, aux yeux du législateur dorien, un égoïsme qu'il fallait mettre en poussière, et cette poussière pouvait seule être le ciment de l'état : que lui faisaient la pudeur des vierges, l'amour des maris, la tendresse des fils ? Il voulait qu'on n'eût qu'une mère, Sparte ; qu'une famille, Sparte ; qu'une amante et une femme, Sparte ; il voulait abîmer toutes les individualités dans une unité puissante, et il parvint à son but. Il y parvint, parce que l'idée dont il poursuivait l'accomplissement, était une idée dorienne, et qu'il avait affaire à une population dorienne. Sa loi était comme ces tyrans populaires auxquels la multitude obéit, parce que leur despotisme sert ses penchants.

Et sans cela croit-on que Sparte eût si facilement adopté cette loi que n'étayait aucune force matérielle, que les dieux conseillaient, il est vrai, mais qu'eux-mêmes, ne commandaient pas d'une manière absolue ? Où le législateur eût-il pris la force de se faire obéir, s'il n'eût trouvé un point d'appui caché dans la société qu'il voulait régir ? Autrement, son empire sur des hommes d'humeur aussi fière est inexplicable ; ils n'auraient pas du moins porté le joug si longtemps et si gaîment (car la gaîté lacédémonienne avait passé en proverbe), si ce joug n'eût convenu à leurs mœurs.

L'influence des mœurs sur les lois que nous-venons de reconnaître à l'origine de la constitution de Lycurgue, ne paraît pas moins dans le spectacle de sa durée et de sa chute. Cent trente ans après l'établissement des lois de Lycurgue, furent institués les éphores dont le rôle ne cessa jamais d'être une opposition constante à la constitution de Lycurgue.

A quoi tint ce rôle de l'éphorie, qui introduisit de si grands changements dans l'état, et finit par amener sa perte ? Il tint, comme on l'a remarqué [47], aux nouveaux rapports et aux nouvelles mœurs qui naquirent de l'agrandissement de la puissance lacédémonienne. L'extension du territoire, en relâchant le lien national, multiplia les points de contact entre les Spartiates et les étrangers. Par là les éphores chargés, comme on sait, de tout ce qui concernait les étrangers, acquirent plus d'importance, quand, au mépris des lois de Lycurgue, le nombre en augmentait chaque jour. Les éphores étaient aussi chargés de la surveillance des deniers de l'état, et l'accroissement de la richesse publique accrut leur ascendant. En un mot, toutes les nouveautés qui tendaient à altérer la législation primitive trouvaient naturellement dans l'éphorie un instrument et un organe. Voici donc un élément perturbateur introduit par l'altération des mœurs dans la constitution politique et qui en causera la destruction. En effet, ce fut un éphore qui demanda le premier la liberté de tester, incompatible avec la manière dont Lycurgue avait institué la propriété. Ce furent des éphores qui firent échouer par leurs intrigues les magnanimes tentatives d'Agis et de Cléomènes pour le rétablissement des anciennes lois. Mais ce qui servit puissamment la tendance désorganisatrice de l'éphorie, ce qui la suscita même en grande partie, ce fut l'introduction de la richesse à Sparte après la guerre du Péloponèse, ce fut la corruption qui s'ensuivit. Avec l'or d'Athènes, de nouvelles mœurs se glissèrent dans la cité trop puissante.

Dès ce moment l'œuvre de Lycurgue fut frappée au cœur ; elle mourut de cette blessure après une agonie dont la longueur prouva ce qu'elle pouvait supporter.

Voilà ce qui arrive aux gouvernements qui n'admettent point le progrès ; retranchés dans une immobilité apparente, ils croient pouvoir se dérober à l'action du temps qui transforme incessamment tous les êtres. Mais peu à peu les conditions de leur existence se modifient à leur insu. Les mœurs changent, malgré tous les efforts et toutes les gênes de la loi, parce que leur nature est de changer éternellement, et alors la loi, pour n'avoir pas transigé avec elles, périt par elles. Elle n'a pas fait alliance avec les mœurs nouvelles, elle suit les mœurs anciennes dans la tombe. Pour que l'institution de Lycurgue pût durer éternellement, il eût fallu l'isoler entièrement, et la soustraire à ce mouvement de rotation qui emporte le monde moral à travers le temps, semblable à celui qui roule l'univers matériel à travers l'espace ; car le moindre contact avec des mœurs étrangères renfermait le germe d'une altération toujours croissante dans les mœurs des Lacédémoniens, et les mœurs enfin minées la loi qu'elles soutenaient devait s'écrouler avec ses fondements.

S'il a fallu quelque attention pour démêler à Sparte quelle influence eurent les mœurs sur des lois qui semblaient en être indépendantes, à Athènes, au contraire, ce qui frappe d'abord, comme je l'ai dit plus haut, c'est l'influence des mœurs sur les lois.

Les mœurs athéniennes, à l'époque de Solon, étaient essentiellement démocratiques. Il n'y avait pas là, comme à Sparte, une famille sacrée, à qui le trône appartînt par une sorte de droit divin. On n'y trouvait pas non plus cette séparation tranchée entre un petit nombre de citoyens établis par la conquête et une population nombreuse soumise aux conquérants. Depuis plusieurs siècles, la royauté était morte avec Codrus et l'égalité avait jeté de profondes racines dans le sol de l'Attique. La situation littorale d'Athènes l'invitait au commerce, et le commerce est favorable à la démocratie. Enfin, il semble qu'il y ait dans le sang de la race ionienne quelque chose qui la pousse invinciblement à l'activité commerciale et à l'égalité politique. Ce génie particulier se montra dans les villes ioniennes de l'Asie Mineure, et les fugitifs qui fondèrent Massalie le transportèrent avec eux de Phocée aux rivages de la Gaule. Solon trouva donc à Athènes des mœurs démocratiques avec leur conséquence ordinaire, l'agitation, le désordre, les divisions. Avant lui, deux tentatives avaient été faites pour imposer un joug à ces mœurs. L'une était comme un effort désespéré d'un législateur farouche, qui, sentant le besoin de retremper Athènes, avait imaginé de la retremper dans le sans. La rigueur outrée de la loi de Dracon l'avait fait promptement rejeter. Le Crétois Epiménide, saint et mystérieux personnage, qui passait pour entretenir un commerce avec les dieux, était venu dans Athènes, il y avait été reçu avec respect comme un homme divin que le ciel inspirait ; mais le prophète dorien avait bientôt compris que les mœurs des Athéniens se refusaient à la constitution qu'il eût pu leur donner, et après avoir prescrit quelques observances religieuses, il s'était retiré presque sans laisser de trace. L'anarchie était au comble. Chacun prétendait ordonner l'état à sa fantaisie. Les habitants de la montagne, ceux de la plaine, ceux du rivage, voulaient une constitution différente, en rapport avec leurs habitudes et leurs besoins. L'inégalité des fortunes qui, terrible là où elle n'est contrebalancée par nulle autre inégalité, écrase les états démocratiques de sa tyrannie, la plus insolente et la plus impitoyable de toutes ; l'inégalité des fortunes était poussée à ce point, que la propriété territoriale se trouvait concentrée dans les mains du petit nombre, et qu'il ne restait à la multitude que de la misère et des dettes. Les uns prétendaient tout garder, les autres demandaient l'abolition des dettes et le partage des terres. La société était dans une crise violente qui semblait devoir la briser. C'est alors que Solon parut.

Jusqu'ici nous avons vu dans tout l'Orient, et à Sparte même, des législateurs qui donnent la religion pour base à la politique, et à ce titre, exercent une grande puissance sur les sentiments et les mœurs des hommes. Solon est le premier qui ose se passer de cet imposant appui. A peine cite-t-on à son sujet un oracle incertain. Que nous sommes loin de cette intervention perpétuelle de Delphes dans la législation de Lycurgue ! — Pour Solon, son existence n'a rien d'incertain ni de merveilleux, elle ne se perd point dans la nuit des âges héroïques, elle ne touche point au monde de la mythologie. Solon n'est point un Héraclide sur lequel se soient conservées des traditions plus poétiques que vraisemblables. Sa vie est simple, son extraction médiocre. Il ne parle point d'en haut, il ne change point les bases de la société ; mais choisi par ses égaux pour leur donner des lois, il s'applique à chercher ce qui, pour eux, est à la fois désirable et possible. Il tient compte des circonstances, des obstacles, négocie avec les partis, compose avec les intérêts, en abolissant les dettes, laisse espérer qu'il partagera les terres, traite la législation et la politique avec un art encore inconnu ; enfin, comme il le dit lui-même, il ne veut pas donner aux Athéniens les meilleures lois imaginables, mais les meilleures qu'ils puissent supporter. Se plaçant dans ce point de vue, il est évident qu'il tiendra grandement compte des mœurs dans ses lois, que celles-ci ne viseront guère à autre chose qu'à être l'expression des premières, tout au plus à les corriger indirectement, à tirer d'elles-mêmes de quoi modérer leurs inconvénients, mais non à les plier ou à les détruire.

Les mœurs athéniennes étaient, nous l'avons vu, démocratiques. La loi de Solon sera démocratique comme elle. Cette législation n'aura qu'un but : organiser et régulariser les éléments démocratiques contenus dans les mœurs.

Ainsi elle prescrira l'activité, l'industrie, elle encouragera aux arts mécaniques [48] autant que Lycurgue cherchait à en détourner, car elle s'adresse à une population industrielle et mercantile, et Lycurgue s'adressait à une population conquérante qui ne se plaisait qu'aux travaux de la guerre, et ressentait un dédain tout aristocratique pour les occupations manuelles.

Il y aura à Athènes une assemblée populaire qui décidera souverainement, sans contradiction et sans appel. En effet, comment persuader à ce peuple ardent, inquiet, jaloux, qu'il s'en rapporte à d'autres qu'à lui-même sur ce qui touche à ses intérêts ou à sa gloire ? Comment obtenir de lui qu'il se prive du plaisir de délibérer, de haranguer, de juger ? Ce qu'il lui faut, c'est cette vie de l'Agora, oisive et passionnée. Solon ne tentera point d'éloigner le peuple de la place publique, de la tribune, car cette multitude ingénieuse et vaine se sent capable de tout oser et se croit propre à tout faire ; mais Solon, qui lui-même est Athénien, et aussi ingénieux que pas un de ses compatriotes, Solon parviendra, tout en caressant les sentiments populaires, à les diriger. A force d'adresse, il saura trouver au sein de cette démocratie de quoi la modérer à son insu. Tout citoyen doit voter ; mais en exigeant qu'on appelle d'abord au scrutin ceux qui ont plus de trente ans, il espère entraîner les autres par l'ascendant de l'exemple, et refroidir l'emportement de la jeunesse en lui laissant le temps de la réflexion. Tout Athénien a droit de monter à la tribune ; mais Solon limite indirectement le nombre des orateurs par une censure préalable de leurs mœurs. Quiconque aura frappé son père ou sa mère, refusé de les nourrir ou de les loger, jeté son bouclier dans la bataille, etc., s'il ose haranguer ses concitoyens, pourra être accusé par eux. Enfin Solon transporte l'initiative du peuple au conseil des quatre cents ; le peuple délibère, mais seulement sur ce que le conseil a proposé. Et remarquez comment se forme ce conseil : ce ne peut être au nom d'aucun privilège, l'altière démocratie d'Athènes ne le souffrirait pas. Qui donc indiquera ceux qui doivent en faire partie ? Le sort, la fève blanche ou noire. Ainsi Solon cherche un tempérament à la démocratie dans le hasard qu'il juge être quelquefois moins aveugle qu'elle, et la passion de l'égalité populaire est amenée par l'habileté du législateur à cette concession, sans s'apercevoir de ce qu'elle fait, sans songer que c'est au fond le hasard qui est le père de toute inégalité.

La division des Athéniens en quatre classes d'après la fortune, analogue à celle de Servius Tullius et à notre principe actuel du cens, est entièrement dans l'esprit démocratique, car elle repose sur un fondement mobile, la richesse. D'ailleurs, les emplois politiques étaient accessibles aux trois classes supérieures ; la dernière seule en était exclue : et encore Solon, comme pour réparer cette infraction au principe démocratique, se hâta d'abandonner à cette quatrième classe les emplois judiciaires en manière de dédommagement. Toute la constitution athénienne était donc basée sur la richesse. Solon n'avait pas trouvé d'autre principe social existant ; il fut donc obligé de tout rapporter à celui-ci, et Athènes serait peut-être tombée, malgré Solon, à ce degré d'abaissement moral où peuvent descendre les républiques dont le mobile unique est l'argent, si l'esprit mercantile n'eût trouvé un contre-poids naturel dans l'ascendant de l'éloquence et le pouvoir du génie. Solon luttait contre l'égoïsme qui est le danger des démocraties, qui s'y montre tour à tour sous les traits de l'ambition ou de l'indolence. Il s'efforçait d'unir entre eux les citoyens, d'en faire un corps composé de membres solidement attachés les uns aux autres. Sa tâche était d'autant plus difficile, qu'il était dénué de tout point d'appui religieux ou aristocratique ; et c'est dans les ressources et les expédients dont il s'avisa pour y suppléer, qu'il fit éclater surtout une merveilleuse industrie. Recevant le mot d'ordre des mœurs capricieuses du peuple athénien, il voulait cependant lui donner des mœurs plus fortes, plus compactes, pour ainsi dire. C'est dans ce but qu'il fit un devoir à tout citoyen de prendre un parti en cas de division politique, qu'il permit à chacun de se constituer accusateur au nom d'une femme, d'un enfant outragé, et déclara l'offense faite à tout particulier, crime contre l'état.

Car, quelque différente que fût de la hardiesse et de l'autorité de Lycurgue, la sagesse timide, la circonspection prudente et délicate de SoIon, il cherchait aussi, bien que d'une manière plus détournée, à agir par la loi sur les mœurs.

Il faut le reconnaître avec impartialité ; comme nous avons reconnu que les lois de Lycurgue, si puissantes sur les mœurs, en avaient cependant à quelques égards subi l'influence, ainsi Solon veille avec le plus grand soin à l'éducation, défend à la propriété d'excéder une certaine mesure, intervient dans les détails de la vie domestique, et punit de mort l'archonte qui dans un état d'ivresse oserait paraître en public avec sa couronne.

Du reste, il y avait dans les mœurs athéniennes une dignité native, un goût inné d'élégance qui les accompagnait jusque dans leurs désordres, et tempérait leurs égarements. Une délicatesse de sentiment mêlée quelquefois de grandeur suppléait heureusement à la loi et la corrigeait. C'était ce qui donnait de la force à la sentence par laquelle on privait un Athénien de l'honneur en le déclarant *atimos*. Le grand nombre de cas auxquels cette peine était appliquée prouve qu'elle produisait un effet considérable, et une pareille loi ne produit d'effet qu'autant que son arrêt est ratifié par les mœurs.

Certes, l'ambition et l'intrigue avaient un jeu bien vaste dans un pays comme Athènes, où elles pouvaient rapidement conduire à tout ; mais il faut se souvenir que plusieurs de ces magistratures, objets de tant de brigues, ne donnaient d'autre privilège que celui de dépenser sa fortune au service de l'état. Tels étaient celui des triérarques qui fournissaient des galères à la république, celui des chorèges qui se chargeaient des soins du théâtre ; car le théâtre, la musique, la danse, étaient chose publique, officielle pour ainsi dire. Les archontes nommaient en pleine assemblée les joueurs de flûte chargés d'accompagner les danses publiques, et il n'était permis ni à un étranger ni à un Athénien flétri de se mêler à ces danses.

Aimable peuple dont les lois ne dédaignaient pas de régler les nobles plaisirs ! La législation de Solon recommandait qu'on se gardât de confondre les divers modes de musique, et Platon commence son dialogue sur les lois, qui renferme sa politique positive, par établir l'importance des chants et des chœurs de danse pour le gouvernement des états.

A un tel peuple il appartenait d'avoir un poète pour législateur.

Ce législateur adressant en vers des conseils à ses concitoyens qui lui ont demandé une constitution, offre un spectacle plein de grâce qu'Athènes seule pouvait donner.

Solon ne réclama point pour ses lois, comme Lycurgue, une éternelle durée. Le sol athénien était trop mobile et trop léger pour qu'il pût concevoir une telle espérance ; il ne demanda pour elles que cent années, et cette demande modeste ne lui fut pas même accordée.

A peine s'était-il éloigné que l'ancienne anarchie recommence, puis vient la tyrannie. Tyran aimable et spirituel, comme il fallait être pour subjuguer des Athéniens, Pisistrate se saisit par la ruse d'un pouvoir qu'il conserve par l'indulgence et la douceur. En vain le vieux Solon parcourt les rues d'Athènes avec ses armes pour exciter ses concitoyens à défendre son ouvrage ; Pisistrate le va visiter, honore et captive sa vieillesse. Du reste, les lois de Solon étaient si bien accommodées au génie des Athéniens, que celles de Pisistrate furent courues dans le même esprit. C'est par là que la législation de Solon, quoique altérée à diverses reprises, ne périt jamais tout entière ; elle ne se maintenait pas, comme celle de Lycurgue, par sa raideur et son inflexibilité, mais elle résistait par sa souplesse même. Solon survécut à la forme de gouvernement qu'il avait instituée ; mais le caractère de sa législation dura autant que les mœurs des Athéniens dont elle était le résultat et l'image.

Athènes supporta la tyrannie tant qu'elle fut douce et brillante ; quand, sous les fils de Pisistrate, elle devint pesante et dure, son humeur indépendante en fut irritée, et une conspiration vraiment athénienne se forma : c'est une conspiration au milieu d'une fête ; ce sont de jeunes amis cachant leurs poignards sous des branches de myrte. La législation de Solon reparaît, mais Clisthènes, qui la rétablit, l'altère ; plus docile encore aux goûts démocratiques des Athéniens, il pousse leur constitution plus avant dans cette voie. De quatre tribus il en fait dix, et multiplie par là l'activité politique dans l'état. Dès ce moment, une agitation toujours plus inquiète précipite ce peuple ardent vers une démocratie sans règles. En même temps l'exaltation populaire, qui transporte tous les esprits, enfante des prodiges dans la guerre, dans l'éloquence, dans la poésie, dans les arts. Et quand vint le grand combat contre l'Asie, ce fut cette Athènes bouillante et indisciplinée qui s'élança au premier rang ; ce fut elle qui à Marathon étonna les masses orientales en se précipitant sur elles avec une insouciante ardeur comme pour une lutte de la palestre. Rien en Grèce ne fut comparable à ce fougueux et brillant héroïsme. Les Spartiates surent mourir avec leur roi aux Thermopyles, les Athéniens proscrivaient leurs généraux et battaient les Perses sur la terre et sur la mer. Quelle législation eût pu résister à l'emportement du triomphe, à l'ivresse d'une telle gloire ? Comment disputer quelque chose à une démocratie de héros, à une populace pleine de grâce et de génie ? Personne ne pouvait en avoir la pensée, et le sage Aristide lui-même céda au torrent. Il ouvrit la porte de toutes les dignités à la masse entière des citoyens, sans en excepter cette quatrième classe que la prudence de Solon avait exclue des emplois politiques. Dès-lors les faibles barrières que les lois avaient tenté d'opposer eux mœurs démocratiques tombèrent. Ces mœurs débordèrent avec une impétuosité sans frein. Ce fut alors, quand l'état, battu par le flot populaire, allait s'écrouler, qu'il y eut pour Athènes un moment d'activité, de splendeur, de gloire unique dans les annales du genre humain. Toutes les facultés du peuple le mieux doué de la terre firent explosion à la fois. Périclès qui a attaché son nom à cette époque merveilleuse, Périclès fut aussi celui qui porta les derniers coups à la constitution de son pays, qui acheva de relâcher le lien social, et lança le char de l'état dans cette carrière où il devait fournir une course si brillante et si rapide, et se briser dans son triomphe au milieu dos applaudissements de la Grèce et du monde.

Sans doute il fallait, pour produire cette époque extraordinaire, que l'âme de chaque citoyen fût excitée par les agitations et les orages de la démocratie ; il fallait le souffle brûlant du vent populaire pour épanouir au milieu de la tempête cette fleur éblouissante.

Mais ce vent fécondant et terrible avait déposé dans cette fleur un germe de mort ; Athènes eut là, dans l'histoire du genre humain, une heure incomparable ; mais l'heure d'après, il fallut mourir.

Cette fièvre qui lui avait fait faire de si grandes choses précipita sa fin ; le génie ionien, au plus fort de son exaltation démocratique, rencontra pour son malheur le génie dorien, qui depuis longtemps attachait sur lui un œil dédaigneux et menaçant. Les deux génies luttèrent, et cette lutte dura vingt-sept années. L'Ionien ne manqua pas de courage, mais de suite et de patience ; le Dorien le terrassa froidement et le fit esclave. La Sparte de Lycurgue fut plus forte que l'Athènes de Solon.

Mais Athènes ne savait pas servir longtemps, elle ne pouvait surtout endurer l'humeur sombre de ses tyrans, ses mœurs se soulevèrent contre eux et les chassèrent. Alors se présenta pour elle un vainqueur qui lui convenait mieux. Alexandre était un maître assez brillant pour succéder à Pisistrate et à Périclès. Athènes, qui, comme tous les autres états démocratiques de l'antiquité, inclina toujours à la tyrannie, Athènes le pays de la finesse et de la gloire, se laissa prendre aux ruses de Philippe et vaincre aux exploits d'Alexandre.

Enfin, tous les peuples de la Grèce perdirent l'un après l'autre leur liberté, en perdant les mœurs de la liberté.

La ligue achéenne fut un dernier effort pour la défendre, quand déjà elle n'existait plus que dans la pensée de deux jeunes rois et de quelques nobles femmes de Sparte, quand elle mourait de la main du bourreau dans la prison d'Agis, ou gisait dans les rues d'Alexandrie sous les cadavres de Cléomènes et de ses vaillants compagnons. Il était trop tard. En vain la Grèce entière applaudit au Romain qui la déclarait libre, les maîtres du monde ne pouvaient décréter la liberté : on décrète la mort, mais non pas la vie. Avec les anciennes mœurs, l'ancienne société grecque avait péri. C'était ce peuple romain qui la remplaçait désormais sur la scène du monde. Puisque la Grèce est morte, suivons l'univers, passons aux Romains.

NOTES

1. Le travail, dont ces fragments font partie, n'a point concouru pour le prix décerné en 1832 par l'Académie sur la question de l'influence des lois sur les mœurs et des mœurs sur les lois.
2. Loi de Manou, chap. VII, 4-6-7.
3. Il est accordé de manger des viandes permises sans péché. (Ch. IV, 32.) Cependant l'abstinence est conseillée plus loin : manger de la chair entraîne la souffrance des animaux et le meurtre des animaux, c'est un obstacle au chemin de la béatitude. Abstenons-nous donc de manger de la chair. (Loi de Manou, 47-8-9.)
4. Manou, VIII, 87-88.
5. Id. VIII, 94-95.
6. Id. IX, 2-3.
7. Manou, 11-19.
8. Voyez Niebuhr, Hist. romaine ; Bunsen, de jure hereditario Atheniensium.
9. Voyez Gans Erb-Rechl et M. Lerminier, Introduction à l'histoire du droit, p. 326.
10. Heeren, ideen, III vol,, p. 307-8.
11. Historical sketches of the south of India, by colonel Mark Wilks. Londres 1810. V. I, p. 117 et suiv.
12. Chap. VIII.

13. Dubois, Voyage dans l'Inde.
14. T. II, p. 44, Voyage dans l'Inde.
15. Loi de Manou, trad. de W. Jones, éd. d'Haugthon, in-4°, p. 430. General note.
16. Idem.
17. Idem.
18. Michaelis, Mosaisches recht, t. I, p. 196.
19. Genèse, chap. 38.
20. Deuxième livre de Moïse, 23-37, comparez proverbes, 6, 31.
21. Mosaisches recht, t. II, p. 54.
22. Deutéronome, ch. XVII, v. 14 et suiv.
23. LATIN.
24. Le voile est retombé. Champollion vient de mourir.
25. Chou-king, trad. du père Gaubil, p. 9.
26. Id., p. 24.
27. Chou-king, p. 15.
28. On commence par attacher le coupable à une croix de sa hauteur, ensuite l'exécuteur prend au hasard, dans un panier couvert, un des couteaux qui y sont renfermés (chacun porte écrit le nom d'une partie du corps), et coupe le membre que le couteau indique. (Code pénal de la Chine, I, II, p. 2-3.)
29. Code pénal de la Chine, tom. I, p. 286.
30. Id., p. 23.
31. Id., p. 328.,
32. Id., p. 374.
33. Code pénal de la Chine, t. I, p. 16.
34. Idem.
35. Idem.
36. Idem.
37. Idem.
38. O. Müller, die Dorier, t. II, p. 109.
39. Id., p. 96.

40. Id. p. 112.
41. Id., p. 202 274.
42. Die Dorier, t. II, p. 292.
43. Id., p. 311-12.
44. Id., t. II, p. 382.
45. Id., p. 92.
46. Id., p.
47. Die Dorier, t. II, p. 124-5.
48. Un fils à qui son père n'avait pas fait apprendre un métier était dispensé par Solon de le nourrir dans sa vieillesse.

ROME.
DEUXIÈME FRAGMENT. [1]

Quand on arrive à ce peuple, on se sent écrasé par l'idée d'une immense grandeur ; la pensée plie sous la majesté de ce nom devant qui s'est incliné l'univers. On éprouve alors quelque chose de ce respect qui prend le voyageur étonné de se trouver au pied du Capitole.

La société romaine est la plus forte qu'aient instituée les hommes. On l'a pu voir en ce que, s'étant mesurée avec toutes les autres, non-seulement elle les a vaincus, mais elle leur a imposé son génie.

Le monde romain, tel a été le nom de son empire ; en effet, le monde presque tout entier lui appartenait. La société romaine se confondait avec la société du genre humain. Quand elle a péri, la civilisation antique s'est écroulée, et c'est de son sein que la civilisation moderne est sortie. Nous voici donc au centre de l'histoire ; où serait-il plus curieux de contempler l'action réciproque des lois et des mœurs que chez un peuple qui a donné ses mœurs et ses lois à presque tous les peuples de la terre ?

Les ténèbres qui enveloppent les origines de Rome ne nous permettent de les entrevoir que confusément. C'est dans cette nuit, c'est sous ces voiles de son berceau que les deux principes de toute société, les lois et les mœurs, s'unissent, se confondent, se pénètrent, pour ainsi parler, plus étroitement et plus intimement que partout ailleurs. La fusion primitive des lois et des mœurs disparaît dans une antiquité que l'œil ne saurait atteindre. Ce qui en sort est quelque chose de compacte, d'homogène, où l'on ne peut distinguer l'un de l'autre les deux éléments agglomérés, tant ils sont mêlés et pétris ensemble. On ne voit point les mœurs se plier à la loi, ou la loi se conformer aux mœurs. Dès le commencement, la loi a l'autorité de la coutume, les mœurs font le droit, le droit fait les mœurs ; comment séparer à leur origine le *mos* et le *jus*, la tradition et la légalité ?

Si la base de la plus grande puissance qui fut jamais se cache et s'ensevelit, pour ainsi dire, dans sa ténébreuse profondeur, nous pouvons du moins contempler l'édifice qu'elle porte, et même en nous penchant sur l'abîme où elle repose, nous y discernerons quelques-uns des matériaux dont elle fut formée.

Que signifie cette période des rois ? N'est-ce pas une époque primordiale, et par conséquent obscure, dans laquelle s'élaborent les divers principes constitutifs de la société romaine ? S'il en est ainsi, cherchons à y démêler ces principes constitutifs dans leur enveloppement et leur confusion.

Nous y trouvons d'abord le principe étrusque. De l'Etrurie vinrent les coutumes et les cérémonies religieuses des Romains, et cette science augurale qui jouait un si grand rôle dans leur politique. La religion étrusque était mystérieuse et terrible. L'oracle qu'elle consultait, c'était la foudre ; le ciel enflammé par la tempête, tel était le livre où elle lisait l'avenir. Les chefs étrusques avaient la propriété de cette religion, qui affermissait leur pouvoir. Quelles qu'aient été les causes et les circonstances qui aient introduit à Rome une portion de l'aruspicien étrusque, on ne peut en méconnaître les traces dans l'ancienne organisation romaine. En outre, les insignes de la royauté étaient toutes empruntées à l'Etrurie. Avant que Rome existât, il y avait dans ce pays un sénat, des plébéiens, des gentes, des clients. La division en trois tribus et en trente curies est, à ce qu'il paraît, étrusque. Remarquons que tout cela est autant coutumes qu'institutions, peut se dire aussi bien mœurs que lois. Avec ces coutumes religieuses et ces formes politiques empruntées aux Etrusques, concoururent, pour former la Rome primitive, les mœurs agricoles du Latium et les mœurs guerrières de la Sabine. Les vieux Sabins ont laissé, jusqu'aux époques les plus dégénérées de l'histoire romaine, un renom de rude simplicité et de mâle courage. Ils avaient aussi un caractère religieux très prononcé dont le type est Numa. Ainsi la religion, l'agriculture et la guerre, telle fut l'étoffe primitive des mœurs romaines. L'Etrurie, purement aristocratique, y déposa en germe l'esprit de caste ; le Latium et les Sabins y apportèrent leurs habitudes patriarcales et belliqueuses. De toutes ces choses se composa le génie romain, pieux et superbe, grave et farouche. Ainsi fut trempée de religion, d'austérité et de force, cette nation destinée à vaincre le monde et à le discipliner.

Mais, organisée de la sorte, elle courait le risque de demeurer, comme les Etrusques eux-mêmes, sous le joug d'une aristocratie guerrière et sacerdotale, qui, pesant sur elle d'un double poids, eût fini par l'écraser ; ce qui la sauva de ce danger, ce fut de pouvoir opposer à ses patriciens une plèbe énergique et puissante. Il ne faut point se représenter cette plèbe comme une populace misérable, mais y voir avec Niebuhr la population mixte qui se groupait autour de la population primitive en possession de la cité. C'est ainsi que l'on explique comment de puissantes familles étaient plébéiennes, comment il y avait parmi les plébéiens originaires de grands propriétaires et même des chevaliers.

Ce fut, comme on sait, la lutte constante de la population plébéienne et de la population patricienne qui forma le trait distinctif de l'histoire romaine. Ce fut cette lutte qui produisit les agitations et fit la grandeur de la république, c'est de là que sortirent les mœurs politiques de Rome. Ces mœurs politiques vinrent s'implanter dans des mœurs religieuses, patriarcales et guerrières, elles communiquèrent à cette masse la vie et le mouvement, elles fécondèrent ce sol vigoureux et achevèrent de cimenter les fondements de la constitution romaine.

Maintenant que nous avons analysé dans leur origine les mœurs de Rome, suivons le développement de sa législation qui s'appuie sur elles, ou plutôt qui fait corps avec elles et partage toutes leurs révolutions et toutes leurs vicissitudes.

La première de ces révolutions est bien ancienne, elle eut une importance immense ; c'est celle qui se rattache à ce personnage à demi fabuleux dont le nom étrusque était Mastarna, et que Tite-Live appelle Servius-Tullius. Ce fut une organisation nouvelle amenée par de nouvelles mœurs. L'élément militaire paraît avoir prévalu passagèrement sur l'élément sacerdotal et aristocratique, lorsque la division par centuries prévalut sur la division par curies, lorsque tout le peuple romain, sans distinction de caste, fut enrégimenté en une armée de propriétaires dont les droits politiques et les devoirs militaires étaient en raison directe de la richesse. Les dispositions législatives qui se rattachent à cette révolution attestent dans les mœurs un grand changement dont elle dut être le résultat. Tous les actes civils qui ont la forme d'un marché, qui s'exécutent par une vente réelle ou simulée *per œs et libram*, ont leur origine dans l'organisation des centuries, car ils se font devant les témoins qui représentent les cinq classes de Servius-Tullius (*classici*). Le contrat ou marché devant témoins remplace l'ancien serment au dieu Fidius. Le mariage dans lequel on achète sa fiancée (*coemtio*), remplace les noces accomplies suivant les rites sacrés. En un mot, comme dit M. Ot. Müller, la constitution de Servius substitue partout des transactions pécuniaires [2] aux formes religieuses. Il paraît que l'aristocratie reprit le dessus dans la période désignée par le règne de Tarquin-le-Superbe ; mais la législation de Servius ne périt pas entièrement, elle subsista en partie, au moins comme tradition ; même au temps de la république, elle fut la charte des droits plébéiens, invoquée sans cesse et opposée aux prérogatives patriciennes dans la longue lutte qu'ils soutinrent contre elles. Puis vint la grande révolution, l'expulsion des Tarquins. Un profond mystère enveloppe cet événement défiguré par les inventions et les déclamations des âges suivants. Quant à ce qui nous occupe, ce qu'on y voit, c'est le soulèvement des mœurs contre celui qui les avait violées en la personne de Lucrèce. Quel que soit le degré de créance qu'on accorde à l'admirable récit de Tite-Live, il prouve quelque chose pour la gravité et la pureté des vieilles mœurs domestiques, pour leur empire sur les âmes, surtout quand on rapproche la chute d'Appius de celle de Tarquin. Fable ou histoire, la tradition admit deux fois que la pudeur romaine avait placé le fer vengeur aux mains de la liberté, et qu'au temps de Lucrèce, comme à celui de Virginie, les mœurs, par une insurrection vraiment sainte, amenèrent le changement des lois. Mais dans la chute des Tarquins, c'était la pudeur patricienne qui avait triomphé ; les plébéiens étaient à peu près étrangers à cette révolution accomplie par l'aristocrate Brutus, chef de la tribu des Célères et neveu du tyran. Les insignes de la royauté étrusque passèrent à des rois annuels, dont le premier fut Collatin. Les mœurs des patriciens, loin de s'adoucir après leur victoire, redoublèrent d'âpreté. Les débiteurs tombèrent en foule dans leurs mains inexorables, et peuplèrent leurs demeures, devenues semblables à des prisons et à des lieux de torture. Ce fut alors que, seize ans après la révolution patricienne qui avait enfanté le gouvernement consulaire, s'opéra la révolution plébéienne qui donna naissance au tribunat. Au milieu des troubles qui commençaient à la déchirer, la société romaine sentit le besoin, pour ne pas périr, de faire un appel à son principe, à cet ensemble de coutumes qui étaient à la fois son droit et ses mœurs. Jusqu'ici la loi n'avait pas été écrite, elle était une tradition vivante dont le patriciat était dépositaire, comme des autres choses sacrées ; alors on écrivit la tradition, et ce fut encore au patriciat qu'on demanda les dix hommes qui furent autorisés à la rédiger.

Telle fut véritablement la mission des décemvirs. La loi des douze tables n'est point une loi grecque, ainsi qu'on l'imagina plus tard, quand le Romain mit sa vanité à tout rattacher, à la Grèce, les institutions comme les origines. La loi des douze tables fut l'expression franche et rude des vieilles mœurs, des vieilles coutumes sous l'empire desquelles Rome s'était formée et avait vécu jusqu'alors. Ainsi elle consacre le terrible pouvoir du père sur ses enfants, le droit de les tuer ou de les vendre ; fidèle au même esprit, elle disait : « Que le père se hâte de mettre à mort l'enfant d'une difformité monstrueuse, « et n'accordait la liberté au fils que quand il avait été vendu trois fois. Du reste, cette dernière disposition, qui nous semble le comble de la tyrannie paternelle, était peut-être un commencement d'émancipation. Quoiqu'il en soit, pour comprendre de telles lois, il faut entrer dans la pensée romaine touchant la famille, dans laquelle le père est tout ; le fils de famille, l'épouse, ne sont pas des personnes par rapport à lui, il ne peut leur faire de donation, car une donation suppose deux personnes. Le fils ne peut ni acquérir ni tester ; le fils est la chose du père, le père a le droit d'user et d'abuser de sa chose ; telles sont les maximes primitives du droit romain. Or, ces maximes étaient tirées des entrailles mêmes des mœurs romaines, fondées principalement sur la famille. Si on doutait qu'il en fût ainsi, qu'on réfléchisse que Denys d'Halicarnasse [3] attribue à Romulus la loi qui permettait au père de tuer et de vendre son fils : on la croyait donc antérieure aux douze tables ; d'ailleurs ce ne sont pas là de ces lois qui s'inventent, l'usage est le seul législateur qui les puisse établir. Partout dans la loi des douze tables, nous observons de même l'esprit des vieilles mœurs romaines, telles que nous avons tenté de les caractériser. Ces mœurs étaient, avons-nous dit, empreintes d'une religion lugubre, et parmi les fragments de la loi des douze tables qui nous restent se trouvent onze articles consacrés aux morts, et on y lit cet arrêt qui respire une superstition sinistre : « Que celui qui a prononcé un enchantement funeste soit déclaré parricide. » Ces mœurs étaient agricoles, et je vois que les douze tables ont prévu avec détail et punissent avec sévérité divers dommages qu'on peut causer à l'agriculture. « Celui qui a tué un agneau sera lié et battu de verges. Celui qui a coupé de nuit la moisson que la charrue a produite sera dévoué à Cérès [4] et pendu. Quant à la guerre, est-elle pacifique cette législation qui ne connaît qu'une expression pour désigner un étranger et un ennemi ? Ainsi dans la loi des décemvirs les mœurs de Rome naissante n'ont rien perdu de leur barbarie. Pour un membre rompu, elle établit la peine du talion. Elle donne le droit au plaignant de traîner en tout temps son adversaire devant le tribunal ; s'il est vieux et malade, elle permet qu'on lui accorde une monture, elle ordonne qu'on lui refuse une litière. Rédigée par des patriciens, elle est impitoyable pour les malheureux débiteurs et contient cette ligne terrible que, malgré d'officieuses interprétations, les historiens les plus récents se sont vus contraints d'entendre à la lettre avec l'antiquité, et qui autorise les créanciers à couper en morceaux le débiteur insolvable [5].

Cependant cette législation que dictait l'esprit du passé contenait des germes d'avenir ; elle interdisait bien encore le connubium entre les plébéiens et les patriciens, mais du reste elle n'établissait aucune différence entre eux pour les droits civils. Cela indiquait un notable changement dans les mœurs et en préparait un plus grand encore.

Si la loi des douze tables a été, comme le dit Tite-Live, la source du droit romain, si elle a été placée par Cicéron, qui lui rend le même témoignage, au-dessus de tous les livres des philosophes ; si, enfin, plusieurs de ses dispositions ont servi de base à la jurisprudence de la république et subsisté jusque dans le recueil des empereurs chrétiens, elle le doit précisément à ce qu'elle avait sa racine dans les mœurs romaines, car c'est là ce qui fait la force d'une législation, parce que c'est de là que lui viennent la sève et la vie.

C'est à la loi des douze tables que commence, à proprement parler, l'histoire si vaste du droit romain ; car le peuple romain est le premier chez lequel le droit ait formé une science dont on pût écrire l'histoire, et ceci tient à ce que ce peuple eut, depuis son origine jusqu'à sa fin, un profond sentiment et un profond respect du droit. Cette idée fut pour lui une grande force. Souvent plébéiens et patriciens en firent un très mauvais emploi, et voulurent placer le droit là où il n'était pas ; mais, en s'égarant, c'est lui qu'ils invoquaient. Même quand ils employaient la violence, ils en appelaient, les uns à la tradition, les autres à la justice, c'est-à-dire aux deux idées constitutives du droit. Ainsi, la notion du droit jaillissait du choc des partis ; ainsi, il y avait quelque chose de commun entre eux. L'état conservait un lien, la société un fondement. Par cette habitude constante, le droit né des mœurs s'identifia toujours davantage avec elles, et forma, pour ainsi dire, leur essence ; et c'est ainsi que le peuple romain mérita de s'appeler par excellence le peuple du droit.

Ce peuple transporta le sentiment du droit dans ses rapports avec les peuples étrangers, et y puisa une confiance en sa propre cause qui la faisait triompher. Si les Romains eussent conçu froidement la grande injustice de soumettre le monde, je doute qu'ils eussent pu y réussir ; mais ce fut à un instinct supérieur, à un instinct qui n'était ni sans moralité ni sans grandeur, qu'ils durent l'empire de l'univers. Ils se croyaient des droits sur le genre humain ; ils croyaient que les dieux protégeaient et favorisaient leurs conquêtes.

Que de soins, que de précautions prises pour établir la bonté de leur cause, pour mettre la justice ou l'ombre de la justice de leur côté ! Écoutez le fécial, quand il vient, la tête voilée, déclarer solennellement la guerre aux ennemis du peuple romain. Il s'écrie : Que Jupiter m'entende ! que les frontières m'entendent ! que le droit m'entende [6] ! C'est ce sentiment d'équité, lors même que l'équité était le plus méconnue, qui a soutenu les Romains dans des moments où tout semblait perdu. Ils n'ont jamais désespéré de leur cause, parce qu'ils l'estimaient juste et sainte. En un mot, c'est parce qu'ils croyaient avoir le droit de conquérir le monde qu'ils ont fini par le posséder.

Maintenant que nous avons vu le droit romain sortir des mœurs romaines, voyons rapidement ce que ce droit et ces mœurs devinrent durant dix siècles, entre Appius et Justinien, entre Virginie et Théodora.

Le quatrième et le cinquième siècles de la république furent l'âge d'or de la vertu romaine ; c'est le temps des mœurs rigides, c'est l'époque des Fabius et des Cincinnatus. Rome lutte contre ces populations de l'Italie, qui lui coûtèrent plus à vaincre que le reste du monde. La pauvreté et la guerre fortifient ses mœurs, sa politique puise dans leur austérité une énergie incomparable. Malgré les querelles des deux ordres, il y a unité dans l'état. La sévérité générale des mœurs atténue les inconvénients que produit la division des ordres.

Les patriciens perdent quelque chose de leur superbe dans les simples et mâles occupations de la vie champêtre. Les plébéiens oublient par moment leurs inimitiés, pour suivre avec ardeur leurs patrons sur le champ de bataille. Cependant les deux intérêts sont trop puissants pour ne pas se combattre ; la grande guerre du forum se continue, et le peuple met autant de courage et de persévérance à conquérir l'égalité qu'à subjuguer l'Italie. Il y parvint alors, parce qu'il en était digne. Remarquez que cette époque des mœurs simples et pures fut celle des grandes conquêtes législatives que remportent les plébéiens. Au quatrième siècle, la loi Canuleia [7] autorise le connubium avec les patriciens. La loi Licinia [8] permet de choisir un consul parmi les plébéiens. C'est pendant le cinquième siècle, surtout pendant les longues guerres contre les Samnites, au milieu des plus grands efforts du courage et de la vertu, que les plébéiens obtiennent leur complète émancipation, et commencent même, par leur prépondérance excessive, à troubler l'équilibre de la république. Dès l'année 412, une loi avait étendu aux deux consuls le droit que la loi Licinia avait accordé pour un seul, et dès 424, d'autres lois obligent à choisir parmi les plébéiens l'un des censeurs, et déclarent les plébiscites obligatoires pour tous les citoyens [9]. Enfin, en 454, la loi Ogulnia comble la mesure, en accordant aux plébéiens quatre places de pontifes et cinq d'augures. Cette loi fut la consommation des changements introduits par les mœurs dans les lois. Deux cents ans plus tôt, l'idée du sacerdoce confié à des mains plébéiennes eût paru monstrueuse. Mais les temps avaient marché, et le vieux patriciat fut contraint de se résigner à cet envahissement de ses plus augustes prérogatives.

Un autre progrès des mœurs fut l'émancipation de la loi elle-même. Dans l'origine, les patriciens s'en étaient réservé la propriété au moyen de certains rites mystérieux dont ils étaient dépositaires. Eux seuls pouvaient décider si le jour était faste ou néfaste, si les auspices étaient favorables ou contraires, et par là ils disposaient des assemblées et des jugements. Mais, en l'an 449, le scribe Appius Cœcus trahit et divulgua ces mystères. Cneius Flavius étala dans le forum les secrets de la science patricienne ; il dévoila les fastes. — Les vieilles mœurs sacerdotales furent ébranlées jusque dans leur racine. La publicité du droit fut un triomphe immense des mœurs plébéiennes. Les patriciens le sentirent ; car ils cherchèrent à ressaisir, sous une autre forme, le monopole qui leur échappait. Ils inventèrent des formules compliquées et bizarres, nécessaires pour les actions judiciaires, et dont eux seuls connaissaient l'emploi et l'application. Mais cela leur fut encore enlevé. Le premier plébéien qui fut investi de la dignité de pontife, Tiberius Coruncanus, dépouilla la politique sacerdotale de ses derniers voiles. Depuis ce temps, la loi fut accessible à tous ; dès-lors, elle perdit son caractère religieux, pour prendre une physionomie populaire, et tout fut changé dans la constitution romaine. Deux magistrats avaient été institués dans cette première période, dont le rapport avec l'état des mœurs est assez étroit pour m'interdire de les passer sous silence.

Toute société solide est basée sur le maintien du droit établi, sur le respect de la chose jugée, sur l'autorité de la coutume ; il en est ainsi en Angleterre, il en était de même à Rome. Cependant, à côté de cette fixité de la loi fondamentale, il avait fallu faire la part de l'élément mobile, qu'on ne saurait bannir d'aucune législation. C'est à quoi servit l'édit prétorien. Chaque année, un nouveau préteur apportait par des mesures de détails les modifications nécessaires au droit existant ; il concédait aux mœurs ce qu'on n'eût pu leur refuser sans péril. Mais quelle prudence délicate, on pourrait dire quelle timidité respectable, présidait à ces concessions nécessaires ! On évitait avec un soin superstitieux de toucher au texte immuable ; on imaginait les fictions les plus étranges pour accommoder aux mœurs nouvelles les anciennes lois ; on permettait, dit Gibbon [10], que le désir secret ou probable du défunt prévalût sur l'ordre de la succession et les formalités du testament... Pour la réparation des torts privés, des compensations et des amendes étaient substituées à la rigueur tombée en désuétude des douze tables. Le temps et l'espace étaient annulés par des suppositions imaginaires ; l'allégation de jeunesse, de fraude, de violence, mettait au néant l'obligation d'un contrat inconvenant, ou dispensait de son accomplissement. Gibbon blâme avec raison les abus de cette méthode, devant lesquels n'a cependant pas reculé la sagesse politique de son pays.

Si le devoir du préteur était de concilier les mœurs avec les lois, celui du censeur était de conserver les lois par les mœurs. Le censeur disposait arbitrairement du rang des citoyens ; il prononçait sur eux l'ignominie ; il punissait ce que les tribunaux ne peuvent atteindre, le désordre, la lâcheté, la corruption. Il était le magistrat des mœurs ; sa dignité était, au dire de Plutarque [11], la plus élevée de toutes. Dans ce respect de la censure est le génie de Rome pure et libre. Plus tard, quand elle fut corrompue, la censure gêna ses débordements, et un tribun du peuple, Titus Clodius, fit rendre une loi qui lui enlevait son pouvoir [12]. On la rétablit [13] ; mais la censure n'avait plus d'autorité, depuis que la vertu avait perdu la sienne. Son nom, conservé quelque temps sous les empereurs, ne fut qu'une honte de plus. Puis, le nom même fut trouvé importun et aboli comme un remords. Enfin, quand Arcadius voulut tardivement rétablir cette dignité d'un autre âge, le sénat décrépit de son temps eut peur de ce fantôme et le repoussa. Ainsi finit cette institution qui ne pouvait convenir qu'à des mœurs vigoureuses, telles que celles que nous a présentées dans son principe la république romaine. Nous sommes arrivés au moment où ces mœurs vont changer sans retour. Suivons ces changements, et ceux qu'ils entraîneront dans les lois.

En effet, on peut observer dans les lois les progrès de la corruption graduelle des mœurs, jusqu'à ce que cette corruption ayant atteint son dernier terme, la loi fondamentale de l'état soit attaquée elle-même, et que les mœurs ayant cessé d'être républicaines, la république fasse place au despotisme.

A la fin du cinquième siècle, Rome rencontra la Grèce à l'extrémité de l'Italie. Durant le cours du sixième, elle prit Syracuse, et entra en Orient. Au commencement du septième, Corinthe lui livrait ses chefs-d'œuvre. Les richesses du monde commencèrent à la punir de ses conquêtes, en amollissant ses mœurs. Sa législation atteste ce relâchement et par les résistances qu'elle lui oppose, et par les concessions qu'elle est contrainte de lui faire.

On remarque d'abord les efforts qui ont pour but de relever la religion, base delà politique romaine, alors si ébranlée. Ainsi, la loi Papia [14] ordonna que le grand-pontife choisirait un certain nombre de vierges, entre lesquelles le sort désignerait vingt vestales. Cet impôt levé sur les familles romaines ne prouve-t-il pas que le zèle pour le culte national commençait à se refroidir, et que la législation sentait le besoin de le ranimer ?

On voit aussi la loi lutter contre l'envahissement du luxe et des désordres, en multipliant sans fruit les dispositions somptuaires : c'est dans ce but que furent portées, pour réprimer le luxe des femmes, la loi Oppia [15] que défendit Caton, et qui ne put durer plus de vingt années ; la loi [16]. Orchia et la loi Fannia [17], qui fixaient le nombre des convives dans les festins.

Alors on commence à faire des lois contre les brigues [18], lois qu'il fallut depuis souvent renouveler, et toujours inutilement ; contre la vénalité des orateurs [19], contre la captation des testaments, surtout par les femmes [20]. Enfin, des crimes nouveaux paraissent, pour la première fois, dans les lois, comme dans les mœurs ; telle est la violence faite à la pudeur des personnes libres [21].

Durant les cent cinquante dernières années de la république, au milieu de ses plus grands triomphes, la décadence des mœurs fait des progrès rapides, et tout s'achemine vers une ruine complète des institutions. La corruption donne naissance à d'horribles déchirements ; la mollesse enfante la cruauté. En parcourant les lois de cette époque, on assiste à la dissolution des mœurs et de l'état.

Lorsque la moralité d'un peuple se déprave, il se relâche de sa sévérité pour le mal. Ainsi, quand je vois supprimer à Rome la peine des calomniateurs, je pense que tout est perdu, puisqu'on amnistie la calomnie [22].

Je lis l'affaiblissement du courage civil, dans la loi qui met le vote secret à la place du vote public [23] ; l'amollissement des mœurs militaires, dans celle qui fait ajouter des vêtements à la paie [24] que recevait déjà le soldat romain. La paie et les dons militaires changèrent entièrement l'esprit des troupes romaines et tuèrent leur patriotisme. Le service, qui d'abord se confondait avec la défense du pays et de la famille, devint un métier. En outre, les soldats propriétaires qui composaient les armées dans les premiers temps, n'appartenaient qu'à la république ; les soldats stipendiés étaient à la disposition des généraux, qui pouvaient augmenter la paie ou les gratifications.

On a beaucoup déclamé contre les lois agraires ; on a donné leur nom au système insensé qui voudrait établir violemment l'égalité absolue de la propriété. Il est cependant bien certain que les Gracches ne demandèrent jamais rien de pareil. Ils réclamaient seulement pour les plébiens un droit qui leur appartenait incontestablement, celui d'entrer en partage des terres conquises par eux sur l'ennemi. Tiberius ne demandait pas une distribution gratuite du froment, mais seulement qu'on abaissât le prix du blé. Ceci n'avait rien d'irrégulier ni de nouveau. Ces deux nobles frères, dont tout le crime fut de valoir mieux que leur temps, succombèrent, parce que le vieil esprit romain, qui les inspirait, ne vivait plus que dans leur cœur. Une aristocratie corrompue les persécuta, des plébéiens corrompus les abandonnèrent, et leur généreuse mort prouva cette triste vérité, que, lorsque les mœurs sont mauvaises, les bonnes lois sont impossibles.

A cette époque, tout avait changé dans Rome, non-seulement les coutumes, les maximes, mais la population elle-même. La plupart des anciennes familles étaient éteintes ; les familles plébéiennes, élevées à la noblesse par leur richesse ou leur influence, remplaçaient le vieux patriciat. La population romaine tout entière était un ramas d'affranchis, d'Italiens, d'étrangers, sans unité, sans dignité, sans traditions communes. Ce peuple, qui s'appelait romain, n'avait rien de romain, ni les mœurs, ni les sentiments, ni même le sang. Dans cette extrémité, il est curieux de voir les lois tour à tour céder à l'invasion des mœurs étrangères ou s'armer contre elles ; tantôt la loi Junia et la loi Papia [25] bannissent de Rome les étrangers, tantôt la loi Junia [26] confère aux Latins et aux alliés le droit de cité conquis par la guerre sociale.

Le sénat de cette époque dégénérée ne conserve point le pouvoir judiciaire ; les chevaliers [27], c'est-à-dire alors les financiers, les publicains sont investis de ce pouvoir, et du droit de vendre légalement la justice. Ils prennent cette ferme comme une autre, et deviennent des traitants en matière d'équité. On fait encore des tentatives pour établir de nouvelles lois somptuaires [28], pour ressusciter les anciennes tombées en désuétude ; mais, comme dit Macrobe d'une de ces lois [29], le luxe et les vices se liguèrent contre elles, et elles furent inutiles.

Les discordes civiles firent aux Romains des mœurs atroces, qui enfantèrent des lois qui leur ressemblaient. Au temps de la lutte de Sylla et de Marius, de Pompée et de César, toujours la même sous d'autres noms, toujours celle de l'élément aristocratique et de l'élément démocratique aux prises dans la constitution romaine, ou plutôt des éléments étrangers qui avaient remplacé ceux-ci et qui en usurpaient le nom ; au temps de ces dissensions furieuses, la législation fut comme la guerre civile : les lois se proscrivirent comme les factions. Sylla, qui voulait faire une aristocratie avec des débris, et qui, jugeant son œuvre impossible, abdiqua le pouvoir à l'étonnement du monde ; Sylla est tout entier avec son plan vaste et impraticable, son génie sombre et sanglant, dans la série des lois auxquelles il a attaché son redoutable nom [30]. Son début est terrible : que nul ne secoure un proscrit ; il est permis à tous de le tuer ; ses biens seront vendus au profit du trésor public ; ses enfants seront frappés d'infamie [31]. Puis, Sylla (ce qui peut surprendre) se montre aussi sévère pour le crime que pour la vertu : il interdit l'eau et le feu aux sicaires, aux parricides, aux empoisonneurs, aux infâmes [32], à ceux qui falsifient les testaments et les monnaies [33]. C'est que Sylla suivait une idée ; à travers ses égorgements, il voulait régénérer les mœurs par la terreur. Il fut le Robespierre de l'aristocratie. Sa tendance politique se fait sentir dans chacune de ses lois. Il arrache aux tribuns la puissance législative, et leur interdit de revêtir d'autre dignité que la leur. Il abroge la loi Domitia, qui avait transporté au peuple le droit d'élire le pontife.

Mais, aussitôt après lui, s'opère une réaction démocratique : les tribuns sont remis en possession de leurs pouvoirs [34] ; la loi Domitia est rétablie. Ainsi la législation est aussi un champ de bataille, où triomphe tour à tour la fortune des partis.

Les lois de ces temps montrent à quel point en était venue la perversité des mœurs, par les précautions qu'elles prennent contre elle. Ce fut sans doute la fréquence toujours plus grande des assassinats domestiques qui fit étendre la peine du parricide au meurtre des autres parents [35].

Les lois ne pouvaient améliorer les mœurs ; les mœurs ne pouvaient soutenir les lois. Tout allait s'abîmer dans une révolution devenue inévitable. Cependant chacun s'efforçait encore de conserver les lois, et même de ressusciter les mœurs anéanties. L'un était aussi impossible que l'autre. Tandis que Brutus et ses amis rêvaient la république, la république s'en allait ; et le voluptueux César, cherchant à remettre en vigueur les lois somptuaires [36], abolies par les mœurs, n'était pas plus sage que l'austère Brutus.

César était assez corrompu, mais il était trop généreux pour son temps : il tomba. Après lui, il y eut un interrègne des mœurs et des lois, qui s'appela le triumvirat. On vit alors, ce qui arrive quelquefois, les lois mentir aux mœurs. On les vit se hâter, quand le despotisme était imminent, d'appeler la mort et de solennelles malédictions sur la tête de celui qui serait créé dictateur [37]. Cette loi prenait bien son temps, pour paraître entre César et Octave.

On peut connaître, dans le passage de la république à l'empire, quelle était sur les Romains la puissance de la coutume. Les anciennes formes subsistèrent, bien que l'ancienne constitution eût péri. Les assemblées du peuple se continuèrent tout le temps du règne d'Auguste, et Auguste attira à lui tous les pouvoirs, en se faisant décerner tous les titres. Rien ne changeait brusquement à Rome, la tradition n'était jamais entièrement interrompue ; elle se maintenait dans les noms, quand les choses avaient passé.

Le besoin de réformer les mœurs était si pressant, qu'il se fit sentir tout d'abord au gouvernement que leur corruption avait produit. Tel est le but de la plupart des lois portées par Auguste. Les désordres civils avaient multiplié les affranchissements : il fallut mettre des bornes à ce pouvoir ; il fallut surtout favoriser la population diminuée par les guerres intestines et la dépravation générale.

Tel fut l'objet des fameuses lois Julia et Pappia Popœa, dirigées contre le célibat : elles restreignaient considérablement les droits de succession chez tout individu de plus de vingt-cinq ans et de moins de soixante, qui n'avait point engendré ou adopté d'enfant [38]. Mais cette mesure, qui contrariait les mœurs romaines, ne passa point sans difficulté. Auguste fut même obligé, par des refus tumultueux, dit Suétone, de mitiger la sévérité de sa loi. Rôle bien digne de cette assemblée dégradée qui, toujours lâche envers la tyrannie, ne savait être séditieuse que contre la vertu !

Tibère, que cette sorte d'opposition ne devait pas beaucoup alarmer pour son compte, eut peur de l'ombre du peuple romain. Il jugea plus sûr d'employer, pour son despotisme, ce sénat dont il admirait la bassesse. Chose remarquable, l'infâme empereur osa porter des lois contre le désordre des mœurs ! Son impudeur ne fut jamais plus effrontée.

Un fait bien remarquable, c'est le développement que le droit romain prit et conserva sous l'empire. Ici commence une série de grands jurisconsultes, à peine interrompue, qui dure jusqu'à Justinien. La jurisprudence, qui était libre et privée, acquiert une autorité publique et officielle, depuis que les empereurs ont appelé les jurisconsultes à la confection des lois, et ont ordonné qu'on se soumît à leurs décisions. Un grand nombre d'empereurs, en s'appliquant à faire fleurir la science du droit, travaillent avec plus ou moins de zèle et de fruit à modifier la législation romaine. Tels furent le faible et savant Claude, le prudent Vespasien, Nerva, Trajan, Adrien, Pertinax, Septime-Sévère, et bien d'autres.

Même sous les mauvais empereurs, sous Néron, sous Domitien, on est surpris de voir naître de bonnes lois. La tradition législative, que de savants hommes se passent de main en main, se perpétue à travers les violences et les bouleversements ; et ainsi demeure, au sein d'un empire corrompu et déchiré, un principe d'ordre, de régularité, de civilisation. Que serait devenu le monde romain, tombant de tyrannie en tyrannie, livré successivement à tous les genres de despotisme, s'il n'eût eu dans son sein un dépôt de sagesse et de raison, un système de justice et de philosophie sociale ?

Mais malheureusement, à mesure que la science des lois est plus cultivée, l'observation des lois devient plus étrangère aux mœurs. Cette science, que complique toujours davantage une curieuse subtilité, cette science est un objet d'érudition et de dialectique, plutôt que d'utilité et d'application. C'est dans cette période que l'enseignement oral du droit romain fut séparé de la pratique [39]. C'est alors que des sectes s'élevèrent parmi les juristes comme parmi les philosophes, et se livrèrent à une polémique, quelquefois ingénieuse, mais presque toujours stérile. Ainsi le droit, qui contenait les seules garanties de la société romaine, se trouva trop isolé de cette société. Il y eut alors comme deux mondes : celui de la législation, régulier, savant, philosophique ; celui des mœurs, désordonné, violent, corrompu. En un mot, tandis que les lois se perfectionnaient par la science, les mœurs manquaient aux lois.

Mais le droit romain n'en restera pas moins comme un monument admirable. Avant de quitter cette imposante législation romaine, signalons rapidement quelle influence eurent sur elle d'abord les mœurs de l'empire, puis celles du christianisme. La condition des esclaves fut adoucie. C'était la liberté qui établissait une distance immense entre un Romain et son esclave. Mais le despotisme avait comblé cet intervalle. La puissance suprême dominait et modérait celle du maître ; l'esclavage tendait à s'effacer, pour ainsi dire, dans, l'égalité de la servitude universelle [40].

A l'époque où nous sommes, l'autorité paternelle a éprouvé déjà bien des restrictions par l'adoucissement des mœurs et le relâchement des liens de famille. Cependant le principe subsiste, le fils n'est pas encore propriétaire, et, comme l'esclave, ne peut disposer de son bien qu'à titre de pécule ; et encore ce pécule ne peut se composer que de ce que le fils a acquis par ses travaux militaires. De là le nom de *peculum castrense* ; c'est une concession faite par le principe de l'autorité paternelle à l'esprit guerrier, qui n'était pas moins dans les mœurs romaines.

De cet esprit découlait aussi la faveur du testament militaire, savoir celle de tester dans le danger, sans être soumis aux formalités ordinaires, accordée aux soldats par la loi des douze tables, puis tombée en désuétude, puis rétablie par les premiers Césars [41]. Les empereurs ne pouvaient être avares de privilèges envers ceux qui donnaient le sceptre du monde.

La condition des femmes avait bien changé depuis les commencements de la république, et ce changement particulier était un signe du changement total des mœurs. Dans le principe, la femme n'était pas une personne pour son mari, et comme toute autre chose, elle pouvait être acquise par un usage d'un an.

Après les guerres puniques, quand des mœurs nouvelles s'introduisirent, les femmes entrèrent dans de nouveaux rapports avec leurs époux, dans des rapports d'égalité jusqu'alors inouïs. Du temps d'Auguste, les choses en étaient venues à ce degré de licence, qu'il fut obligé de réprimer la facilité des divorces. Les femmes furent par degrés affranchies des diverses tutelles auxquelles les soumettait la condition de filles adoptives de leurs maris [42]. Le fonds dotal fut déclaré inaliénable, au moins quand il était situé en Italie ; et c'est aussi vraisemblablement alors que le mari fut obligé de restituer la dot, après la dissolution du mariage [43].

Ainsi, avant Constantin, la famille, l'ancien fondement de la société romaine, n'existe plus dans sa redoutable unité. L'esclave est plus facilement affranchi ; il appartient moins complètement à son maître. Le fils de famille a obtenu un commencement d'émancipation ; la femme, une émancipation complète. — Ces changements peuvent donner une idée de tous les autres changements du même genre. Considérons maintenant le dernier qu'a subi la constitution romaine, celui qu'y ont apporté les mœurs nées de la religion chrétienne.

Quand on songe à ce qu'était la vie des premiers chrétiens, quand on se représente cette métamorphose morale que subit le cœur humain régénéré par l'Évangile, il semble que Constantin, qui plaça le christianisme sur le trône, l'ait dû faire entrer dans les lois. Et Justinien, venu deux siècles après Constantin, ne pouvait-il pas profiter de la refonte générale à laquelle il soumettait la législation romaine, pour la mettre en harmonie avec le principe chrétien ? — Cependant il n'en fut pas ainsi : les bases du droit romain, tel qu'il était sorti des douze tables, tel que le temps et les révolutions l'avaient fait, ces bases ne furent point changées : tant était grande l'autorité de la loi établie, tant sa racine était profonde. Il y eut bien un certain nombre de mesures de détail que commandait la morale évangélique. De ce nombre sont celles qui interdisent ou restreignent les prostitutions et les jeux sanglants des gladiateurs. Avec les turpitudes et les cruautés, le christianisme ne pouvait transiger. Son esprit de douceur et d'égalité se fit sentir aussi dans quelques dispositions touchantes en faveur de ceux que la société opprimait. Telle fut la loi qui permit d'aliéner les choses sacrées pour le rachat des captifs [44]. Le paganisme avait témoigné de son respect envers ses dieux, en déclarant inviolable tout ce qui appartenait à leur culte. Le christianisme, par une inspiration supérieure, permit de donner les richesses de l'église en échange de la liberté humaine. Animé du même sentiment, il améliora le sort des affranchis, en leur permettant de recueillir et de transmettre des héritages, et en faisant passer le droit de leur famille avant celui de leur patron. Mais il n'alla pas plus loin : l'esclavage ne fut pas aboli ; l'égalité entière des droits ne fut pas accordée aux femmes ; en général, la condition des personnes et des choses ne fut point changée.

ROME.

Ici, il faut remarquer la marche du christianisme. Il n'a point, comme les anciennes religions de l'Orient, promulgué un code social, il ne s'est point identifié avec un système de législation particulier, il n'a point imposé au monde une forme politique déterminée. Le christianisme a pris la société romaine telle qu'elle était, sans détruire cette vieille législation, héritière de tant de siècles et de tant de sagesse. Il s'est contenté d'en effacer les souillures et le sang, et d'y insérer quelques lignes de miséricorde et de charité. Du reste, il n'a contesté aucun des droits établis ; il n'a opéré immédiatement aucune modification essentielle dans la société.

Mais il a fait bien plus en déplaçant complètement le principe et le but des actions humaines, en leur donnant un mobile jusqu'alors inconnu. Il a fondé des mœurs nouvelles, et ces mœurs, en se développant, ont amené une révolution complète dans les rapports qui existaient entre les hommes.

C'est la grandeur du christianisme de ne heurter de front aucune forme sociale, de s'accommoder de toutes, de survivre à toutes. Et certes, ce n'est pas à dire qu'il soit sans action sur la société. — Mais c'est que le génie de l'humanité qui l'inspire, l'avertit que toute action de ce genre n'est durable et profonde que si elle passe par les mœurs pour arriver aux lois.

Vouliez-vous que le christianisme liât sa cause avec cette législation que la barbarie allait renverser, avec cette société qui allait disparaître ? Il avait mieux à faire : il laissait le présent se précipiter vers sa ruine ; mais il avait conquis l'avenir. Les lois romaines pouvaient être enfouies dans la poussière et les ténèbres ; la morale du Nazaréen avait déposé au fond des âmes le germe d'où la société moderne devait sortir. Quelques nations barbares avaient bien adopté en partie le droit romain ; mais la loi que le christianisme annonçait, devait être un jour le code moral de l'Europe civilisée.

NOTES

1. Voyez la livraison du 1er juin.
2. Die Etrusker, t. II, p. 387.

3. Denys d'Halicarn, p. 96 et suiv.

4. Qui frugem aratro quesitam furtim non pavit secuitve suspensus, Cereri esto.

5. Voy. Hugo : Histoire du droit romain, et Niebuhr.

6. Audiat fas ! Tit. Liv. Ier livre.

7. En 309.

8. En 387.

9. Loi Publicia.

10. Décline and fall. t.VIII, p. 15, chap. 44.

11. Vie de Caton l'Ancien.

12. Loi Tita Clodia, 695.

13. Metellus Scipio, en 702.

14. 504.

15. 539. Tit. Live, 34 I. Tacite, année II. 5.

16. 573.

17. 593.

18. De Ambitu, 575.

19. 539. L. Cincia.

20. L. Voconia 585.

21. L. Scatinia 526 de stupro ingenuis illato.

22. 614. Lex Memnia ou Remnia de non imurendà fronti calumniatoris litterà K.

23. L. Gabinia. Lata ab homine ignoto et sordido. Ciceron, leg. III. 16.

24. Lex Viaria. 628.

25. 628-689.

26. 664.

27. Loi Sempronia, 632. L. Servilia Glaulia, 954.

28. L. OEmilia, 676. Cette loi voulait que celui qui possédait ou recherchait une magistrature ne pût pas aller dîner chez tout le monde.

29. L.Antia,676.

30. Leges Corneliæ, 673.
31. Cic. In Verrem, I. 47.
32. L. Corneliæ, 673.
33. Idem.
34. L. Aurélia, 679-684.
35. Loi Pompeia, 699.
36. Ne quis la argento aurove possideret plus pecuniæ quam 50 sestertia. Dion 41. 38. Antiquas de sumptibus faciendis severius revocavit. Cic. ad Attic. 13. 7.
37. L. Antonia, 710.
38. Hugo, Hist. du droit romain, t. II.
39. Hugo, t. II. p. 103.
40. Hugo, t. II. p. 149.
41. Heineccius, Elementa juris civilis, livre II, titre XI.
42. Hugo, t. II. p. 157.
43. Hugo, t. II. 169.
44. Heineccius, Elementa juris civilis, t. II. p. 9.

ISBN : 978-1985708280

www.ingramcontent.com/pod-product-compliance
Lightning Source LLC
Chambersburg PA
CBHW070409230526
45471CB00006B/2725